Diccionario básico Marxista

DICCIONARIOS BÁSICOS

La Bisagra | Buenos Aires | 2014

Fau, Mauricio Enrique
    Diccionario básico Marxista. - 1a ed. - Buenos Aires : La Bisagra Editorial, 2014.
    128 p. ; 17x11 cm. - (Diccionarios básicos / Mauricio Enrique Fau; 12)

    ISBN 978-987-1719-41-9

    1. Marxismo. 2. Diccionarios. I. Título
    CDD 320.531 03

Fecha de catalogación: 12/02/2014

Colección Diccionarios Básicos
Director de la colección › Lic. Mauricio E. Fau

Mauricio Fau se graduó en la Licenciatura en Ciencia Política en la Universidad de Buenos Aires, UBA. Cursó también estudios de grado en la Carrera de Derecho de la UBA y en la Carrera de Periodismo de la Universidad de Morón.

Asimismo realizó materias de posgrado de la Maestría en Ciencias Sociales con especialización en Ciencia Política de la Facultad Latinoamericana de Ciencias Sociales, FLACSO.

Asistió a diversos talleres y seminarios en instituciones educativas, entre ellas el Instituto Argentino de Desarrollo Económico, IADE.

Representando a FLACSO participó con una ponencia en las Jornadas Nacionales Nietzsche 1994 y su exposición forma parte del libro alusivo, editado por la Editorial Universitaria de Buenos Aires, EUDEBA. Ha colaborado también con publicaciones vinculadas a las Ciencias Sociales y co-dirigió programas radiales de temática histórico-política.

Profesionalmente, se desempeñó como docente de la Carrera de Ciencia Política de la UBA y actualmente es Director Académico de La Bisagra Editorial y autor de numerosos libros de temática universitaria.

Derechos exclusivos ©2014, La Bisagra Editorial.
Tonelero 5971, CP 1408, CABA, 4642-3802.
Salón de ventas: Librería TODO CBC, Viamonte 2011, CABA.
Impreso en Arieimpresores, Mariano Acha 2415 (1430), C.A.B.A., en el mes de marzo de 2014.

1° impresión en esta colección: 200.
Hecho el depósito que prevé la ley 11.723
Impreso en Argentina

Diseño de tapa e interior: María Eugenia Vigna
Ilustración de tapa: Leandro Fernández Fau

Escribo para que la muerte no tenga la última palabra.

Odysseus Elytis, poeta griego

DATOS BIOGRÁFICOS

DEL AUTOR

Mauricio Fau se graduó en la Licenciatura en Ciencia Política en la Universidad de Buenos Aires, UBA.

Cursó también estudios de grado en la Carrera de Derecho de la UBA y en la Carrera de Periodismo de la Universidad de Morón.

Asimismo realizó materias de posgrado de la Maestría en Ciencias Sociales con especialización en Ciencia Política de la Facultad Latinoamericana de Ciencias Sociales, FLACSO.

Asistió a diversos talleres y seminarios en instituciones educativas, entre ellas el Instituto Argentino de Desarrollo Económico, IADE.

Representando a FLACSO participó con una ponencia en las Jornadas Nacionales Nietzsche 1994 y su exposición forma parte del libro alusivo, editado por la Editorial Universitaria de Buenos Aires, EUDEBA.

Ha colaborado también con publicaciones vinculadas a las Ciencias Sociales y co-dirigió programas radiales de temática histórico-política.

Profesionalmente, se desempeñó como docente de la Carrera de Ciencia Política de la UBA y actualmente es Director del Departamento Académico de la firma Soluciones Universitarias, especializada en la elaboración de materiales didácticos para el ingreso a la Universidad.

PREFACIO

Elaborar este diccionario –y los demás que forman la colección de Diccionarios Básicos– ha sido una tarea ardua e intensa, pero muy satisfactoria.

Las miles de horas dedicadas al trabajo se ven recompensadas por la convicción de que el lector encontrará un material realmente valioso, realizado con la mayor seriedad.

En lo personal, me ha sido de suma utilidad el verme ante el desafío de elaborar un contenido que incluya las más diversas manifestaciones del pensamiento, con la convicción de que es desde el conocimiento de lo diverso como se constituyen las propias ideas.

Sin caer en un eclecticismo vacío ni oportunista, la legítima aspiración a la objetividad científica se topa indefectiblemente con la toma de posición, la cual –a la inversa– es puesta en cuestionamiento, es interpelada, por ideas diferentes e incluso antagónicas.

Estoy convencido de que la verdadera libertad del hombre pasa, no por una pretendida objetividad dogmática, sino por la posibilidad de tener acceso a todas las voces, a todos los discursos, a todos los conflictos. Sólo de ese modo –es decir conociendo perfectamente aquellas ideas que no son las nuestras– podremos realmente elegir de un modo no dogmático las propias.

La vieja idea ilustrada del enciclopedismo mantiene su vigencia. El objetivo de este Diccionario es aportar un granito de arena en la titánica lucha por la liberación humana de toda forma de opresión.

Si por intermedio de este libro el lector logra aprender y aprehender algo más de lo que ya sabía. O mejor, si se topa con ideas que contradicen las suyas hasta hacerlas tambalear. Si se produce esa *sacudida*, entonces el objetivo estará cumplido. Las grandes revoluciones de la historia requieren tanto de una transformación social material como de un cambio en la cabeza de sus protagonistas.

El autor

CARACTERÍSTICAS DEL DICCIONARIO

• Los términos más utilizados en el ámbito universitario

• Explicación breve, pero precisa y completa

• Definiciones basadas en la bibliografía propuesta en los programas de las materias del Ciclo Básico Común de la Universidad de Buenos Aires (CBC), el sistema a distancia UBA XXI y otros de diversos universidades públicas y privadas

• Gran cantidad de remisiones, para que el lector encuentre el término que busca

• Referencias cruzadas destacadas que permiten pasar de una definición a otra vinculada y así sucesivamente. Así, partiendo de cualquier definición del Diccionario es posible recorrer diversas rutas: el conjunto de una teoría, cotejar teorías diferentes, asociar y agrupar términos, recorrer la obra completa de un autor por medio de sus conceptos claves

• Contextualización rápida: en las entradas referentes a personajes históricos y pensadores, inmediatamente después del apellido y nombres se ofrecen datos como la fecha de nacimiento y muerte, nacionalidad, profesión, etc

• Términos no unívocos: en el caso de las entradas cuyas definiciones dependen de la teoría en la que se encuadren, esto se aclara específicamente. Esto es útil a los lectores para comparar y advertir la diversidad ideológica que tienen muchos términos, reforzando el espíritu pluralista y crítico, reconociendo las cargas ideológicas diferentes y hasta opuestas

• Obras claves: libros fundamentales con su autor y fecha en el que fueron escritos. Este recurso resulta muy útil para comenzar a leer un libro ya que permite contextualizarlo (con la época y el lugar en que se hizo) y ver sus ideas principales

• Términos clave de un autor: se trata de términos pertenecientes o muy ligados a un autor en particular

• Inicial: en la definición se utiliza la inicial de la entrada en cuestión

• Ejemplos: cada vez que lo hemos considerado necesario se han introducido ejemplos aclaratorios

• Letras Ch y Ll: de acuerdo con las recomendaciones de la Asociación de Academias de la Lengua Española para los diccionarios, las letras ch y ll no figuran en forma independiente sino que aparecen en el orden correspondiente dentro de la c y la l respectivamente

• Términos de otras lenguas: las palabras pertenecientes a lenguas distintas del español son presentadas en letra cursiva

• Bibliografía: al final del Diccionario, el lector hallará una bibliografía cuidadosamente seleccionada que constituye una verdadera biblioteca esencial de cada disciplina

A

Acumulación de capital: Proceso fundamental de la **economía capitalista**, consistente en la reproducción y ampliación del **capital** a partir de la extracción de **plusvalía** a la **fuerza de trabajo**, su transformación en **ganancia** y su reinversión en nuevo capital o **medios de producción** (máquinas, **fábricas**, etc) y de **trabajo**. El proceso de **conversión del dinero en capital** sigue el siguiente esquema: 1- el capitalista utiliza **dinero** para comprar **mercancías** (materias primas, insumos y fuerza de trabajo), 2- de las que consume su **valor de uso**, 3- generando una mercancía (que incluye la creación de un **plusvalor**), 4- la vende, 5- realiza la plusvalía, 6- con la transformación de una parte de la plusvalía en capital suplementario (capitalización de la plusvalía) acumula capital (que es un valor que se valoriza a sí mismo). Ver también **crisis** y **crisis de sobreproducción**.

Acumulación originaria (Karl Marx, siglos XV-XVI): Acumulación del **capital** inicial que permitió el lanzamiento del **modo de producción capitalista**. La AO fue un **proceso** de acumulación no **capitalista** basado, no en la **explotación** económica, sino en la violencia física directa. A fines del siglo XV, desde **Inglaterra** hubo una gran **demanda** de **materias primas** para lana, lo cual hizo subir su **precio**. Esto provocó una concentración de las **tierras** para pastoreo de animales (disminuyendo las destinadas al cultivo), para lo cual fueron tomadas las parcelas de los **campesinos**, que pasaron a manos de unos pocos **terratenientes**. Así, los campesinos perdieron su tierra, sus **medios de producción** y su **trabajo**. Luego, durante la **Reforma Protestante**, se expropió a más campesinos y a la **Iglesia**. Predominó entonces una **agricultura extensiva**, con poca **mano de obra**, aumento de la **producción**, **mercado** de trabajo abundante y **fuerza de trabajo** formalmente libre. Fue el nacimiento del **proletariado**, la **clase** de los **obreros asalariados**, que se formó a partir de los campesinos y colonos desocupados y sin tierras, y de los **artesanos** quebrados por la **competencia** capitalista. Todos ellos pasaron a ser jornaleros y **asalariados**. La **burguesía** capitalista se formó, en parte, en base al enriquecimiento de los **arrendatarios** que -como pagaban una **renta fija** acumularon tierras y **ganancias**. Además, vendían los productos a un creciente **mercado interno**. La otra fuente de formación de la clase capitalista fueron los **comerciantes** que, comprando barato y vendiendo caro fueron también acumulando riquezas (ver **mercantilismo**). Contra lo que comúnmente se piensa, Marx plantea que el capitalismo es el sistema que más atentó contra la **propiedad privada**, fruto del trabajo propio. LA AO previa al capitalismo (de la cual forma parte importantísima la conquista de **América**) se sustentó en la conquista, la esclavización, el robo y el asesinato, la violencia, en una palabra. La AO es el proceso histórico de disociación entre el productor y los medios de producción: es la destrucción de la propiedad privada basada en el trabajo propio.

Acumulación primitiva: Ver **acumulación originaria**.

Adorno, Theodor Wiesengrund (1903-1969): Filósofo alemán **hegeliano de izquierda**. Recibió influencias de Benjamin, Lukács y **Freud**. Pilar de la **Teoría Crítica** o **Escuela de Frankfurt**, desde donde sostuvo que la **sociedad** occidental industrializada niega la posibilidad del pensamiento crítico y lleva a la **cosificación** y mercantilización de todo, incluso de la vida misma. Impugnó a la **ciencia** moderna, a la que consideró envenenada de **positivismo** y presa del **principio de identidad**, a lo que opuso la **dialéctica negativa**, es decir, una crítica que se detiene en la **antítesis** o **negación**, en la no-identidad. De este modo, aunque es evidente su coincidencia con las críticas **marxistas** del **capitalismo**, no comparte con aquel la posibilidad de superar a éste, sosteniendo una concepción pesimista de la evolución social. Entre sus obras principales encontramos a: *Dialéctica de la Ilustración* (1947).

Agitación: El término fue planteado por Plejánov y desarrollado por **Lenin**. La A implica presentar unas pocas ideas -básicas y con consignas breves y claras- a un gran número de personas, por lo general en forma oral. Opuesto: **propaganda**.

Alienación: Proceso o situación en que algo o alguien es o se convierte en un extraño para sí mismo, encontrándose fuera de sí. Mientras que en **Hegel** la A es ideal, **Feuerbach** la vio ligada a la **religión**: el hombre está alienado porque inventa un Dios superior a él. En los *Manuscritos de 1844* de **Marx** la A es centralmente material (aunque también reconoce la A espiritual), y se basa en la **propiedad privada de los medios de producción** –forma máxima de la A–, que hacen que al productor de la riqueza no le pertenezcan su **tiempo de trabajo**, ni las herramientas que utiliza, ni el producto de su **trabajo** (que pasa a ser **trabajo muerto**, **mercancía** en manos del **capitalista**), ni el **sentido** que el mismo tiene, ni en definitiva su propia vida, que van a manos de la **clase social** explotadora. Decía Marx que el trabajador, en la **sociedad capitalista** era "un mero apéndice de carne en una máquina de hierro". El término tiene también otros significados: en lo jurídico (venta o transferencia de un **bien** o **derecho**), en lo psicológico (alteración de las facultades mentales, es decir, la locura en términos generales) y en lo sociológico (disolución de los lazos que unen a un **individuo** con los demás).

Allende Gossens, Salvador (1908-1973): Político y médico chileno, fundador del **Partido Socialista** en 1933. En 1970 fue elegido **Presidente** por un frente de partidos de **izquierda**, la Unidad Popular y planteó la **vía chilena al socialismo** (ver). Nacionalizó los **bancos** y las minas de cobre, provocando la oposición de los sectores más **conservadores** y de los norteamericanos. Ante los intentos golpistas, declaró su confianza en las **instituciones**, incluídas las **Fuerzas Armadas** y nombró a Augusto **Pinochet** al frente del **Ejército**, desarmando por otra parte a los **trabajadores de los cordones industriales**. En 1973 fue víctima de un **golpe de Estado** organizado por los intereses **burgueses** más concentrados, tanto nacionales como extranjeros (especialmente norteamericanos, como la ITT) y murió resistiendo. En su lugar fue colocado precisamente Pinochet, quien desató una sangrienta **dictadura militar** proestadounidense.

Alta burguesía: La fracción más poderosa y acomodada de la **burguesía**, aquella que suele influir en forma directa sobre el poder político. Históricamente, en diferentes contextos, la AB fue un sector de la **aristocracia** aburguesada, la **burguesía industrial**, la **burguesía financiera**, los grandes **monopolios**, etc. En los últimos cincuenta

años, la AB está representada centralmente por las **transnacionales**.

Althusser, Louis (1918-1990): Filósofo francés, nacido en Argelia. **Marxista estructuralista**, planteó el predominio de las **estructuras** económicas, sociales y políticas por sobre la iniciativa de los **individuos** para transformar la **sociedad**. De hecho, son esas estructuras las que constituyen a los sujetos y los convierten en agentes del **sistema**. Creador de la categoría de los **"aparatos ideológicos del Estado"**, sostuvo que las estructuras del marxismo no pueden captarse por la experiencia inmediata (propio del **empirismo**), en especial su categoría central, el **modo de producción**. De hecho, no existe la **"sociedad"**, sino los modos de producción. Así, la **ideología** es la aceptación (falsa, ilusoria, mítica) de que las cosas son obvias y que –por ende- no hay nada que preguntarse garantizando –de este modo- la dominación de la **clase** dominante. Planteó también una polémica división entre un "joven Marx" -humanista y hasta cierto punto idealista-, y un Marx "maduro", científico (rayano en el **positivismo**), que es el único que A reivindica.

Anarcosindicalismo (1907-mediados del siglo XX): Movimiento sindical **anarquista** surgido en el Congreso de Amsterdam, que procuró superar el **terrorismo** individualista del anarquismo del siglo XIX. El A favoreció la intervención de los anarquistas en los **sindicatos**, sobre todo en las ciudades más industrializadas de Europa y **América**, donde impulsaron medidas obreras de **acción directa**, como el sabotaje, el **boicot**, la ocupación de **fábricas**, los **piquetes** de **huelga** y la **huelga general**, aunque siempre en un plano económico y no político. En este sentido, como el anarquismo originario, el A se opuso al planteo **marxista** de la construcción de un **partido político** de la **clase obrera**. En **EE.UU.** fueron duramente reprimidos y, por ejemplo, la ejecución de los **militantes** del A Sacco y Vanzetti recorrió el mundo.

Anarquía de la producción: Expresión que hace referencia a la ausencia de planificación general de la **economía**, característica esencial del **capitalismo**. El **marxismo** atribuye a la AP las **crisis de sobreproducción**.

Anarquismo (fines del siglo XVIII →): Doctrina política que aspira a la eliminación de la **propiedad privada** de los **medios de producción** y a una sociedad sin **clases** y sin **Estado**. El A surgió en Europa a mediados del siglo XIX, postulando la **revolución social** de los **obreros** a través de la **acción directa**, los **sindicatos** y la **huelga general**. A diferencia del **marxismo**, el A se opone a la formación de un **partido obrero** que tome el **poder**, ya que rechaza la **dictadura del proletariado**. Entre sus principales representantes están Pierre **Proudhon** –que postulaba una variante no violenta-, Max **Stirner** (A individualista); Mijail **Bakunin** (anarco-colectivismo) y P. **Kropotkin** (anarco-comunismo). En **América**, las ideas del A llegaron con las grandes **migraciones** –especialmente desde **Italia** y **España**- que impulsaron las organizaciones llamadas **anarco-sindicalistas** o del **sindicalismo revolucionario**, siendo perseguidas duramente –se destaca la ejecución de los anarquistas **Sacco y Vanzetti** en **EE.UU.**-. El A declinó hacia 1920, aunque resurgió en la década del ´60, especialmente con el **Mayo Francés**.

Aparatos ideológicos del Estado (Louis Althusser): Parte de la **superestructura**

–llamada superestructura ideológica- de una **sociedad** determinada, encargada de garantizar el **consenso** de las **clases** dominadas en apoyo del **modo de producción** imperante. Los AIE están formados por **instituciones** especializadas en mantener a los **sujetos** obedientes y sumisos frente al sistema de **dominación**, en forma voluntaria. A diferencia de los **aparatos represivos**, los AIE son numerosos, están dispersos en la sociedad, los hay **públicos** y **privados** y en ellos la violencia está solapada. Lo que unifica a todos los AIE es el hecho de estar manejados por la **ideología** de la **clase dominante**. Desde un análisis **marxista estructuralista**, **Althusser** relata cómo históricamente, en el **modo de producción feudal**, el AIE dominante era el religioso: éste "convencía" a los súbditos de que su situación era la "voluntad de Dios", lo cual justificaba y aseguraba la **explotación** de los sectores dominantes (**nobleza feudal** y **clero**) sobre los explotados (**servidumbre**). El AIE religioso era el más importante (junto con el familiar) en la función de reproducir las **relaciones de producción** (feudales). Hoy, bajo el **capitalismo**, el AIE religioso -sin dejar de ser importante- ha sido desplazado por el AIE escolar; como plantea Althusser "...ningún AIE dispone durante tantos años de la audiencia obligatoria (y, por si fuera poco gratuita...), cinco a seis días sobre siete a razón de ocho horas diarias, de formación social capitalista." La escuela "enseña" (a los futuros **obreros**) a "obedecer" o (a los futuros **capitalistas**) a saber "hacerse respetar". Nos enseña -no la verdad sobre la **moral**, la **política**, la **historia**, las **ciencias naturales** y exactas- sino la visión que tiene la clase dominante sobre esos temas, ya que es la ideología de la **burguesía** la que aprendemos en el AIE escuela. Veamos ejemplos de cómo estos mecanismos operan, según Althusser, en todos los AIE: 1- Religioso: (la idea del "rebaño" manso que acata la voluntad de Dios), 2- AIE Escolar (la idea del respeto a las jerarquías y al orden establecido), 3- AIE Familiar (la idea de que la **familia** es la célula básica (del orden)), 4- AIE Jurídico (la idea de una justicia "para todos" (sean propietarios o no propietarios)), 5- AIE Político (la idea del **ciudadano** que vota (y elige el opresor que prefiere)), 6- AIE Sindical (la idea del pacto supuestamente equitativo entre obreros y **patrones**), 7- AIE Informativo (la idea de la libertad de prensa (que en realidad es la "libertad de empresa" de los dueños de los medios)), 8- AIE Cultural (la idea de la "**Patria**" (que unifica a obreros y patrones)). Si a pesar de todo, la ideología dominante no puede "engañar" a todos, es decir, si algunos comienzan a cuestionar el orden establecido (por ejemplo, si los **trabajadores** hacen **huelgas** o **piquetes** contra el capitalismo, o aparecen **partidos** marxistas fuertes o una **cultura** alternativa, etc.) aparece la otra pata del **poder**: los aparatos represivos del Estado.

Aparatos represivos del Estado (Louis Althusser): Parte de la **superestructura** –llamada superestructura jurídico-política- de una **sociedad** determinada, encargada de garantizar el orden social dominante a través de la violencia y la **represión**. En los ARE se encuentran el **aparato de Estado** y sus **instituciones** represivas, basadas en la **coerción**: las **fuerzas armadas**, la policía, los tribunales y **leyes**. A diferencia de los **aparatos ideológicos**, los ARE son un único cuerpo centralizado, de carácter **público** y donde predomina la violencia por sobre la **ideología**. Según **Althusser**, tanto la represión como la ideología tienen el mismo objetivo: reproducir las **relaciones**

de **producción** existentes, de modo que la **clase dominante** lo siga siendo y la clase dominada también, garantizando así la situación privilegiada de la primera.

Asociación Internacional de Trabajadores: Ver **Primera Internacional**.

Autogobierno de los productores (Karl Marx): Término con el que **Marx** refiere a la etapa de la **sociedad comunista**, en la que los productores de la riqueza al mismo tiempo administran la **sociedad**, sin la existencia de un organismo separado de ésta -el **Estado** . El ADLP sólo es posible, plantea Marx, con la desaparición de la **propiedad privada** de los **medios de producción**, y con ella, de las **clases sociales** y el Estado.

B

Babeuf, Gracchus (1760-1797): Teórico y revolucionario francés, pionero del **comunismo** moderno. Llamado François Noel, intentó derrocar al **Directorio** (**Conspiración de los iguales**) pero fue derrotado y ejecutado.

Bahía Cochinos: Ver **Playa Girón**.

Bakunin, Mijail Alexandrovic (1814-1876): Político **anarquista** ruso, participó en la **Primera Internacional** pero sus divergencias con **Marx** lo alejaron de esa **organización**. Planteó que la libertad individual se realiza cuando todos son libres, en una **sociedad** sin **clases**, ni **Estado**, ni dioses, ni **propiedad** ni **familia** patriarcal. B propugnaba la formación de confederaciones de asociaciones agrícolas e industriales. Se lo vincula con el anarcocolectivismo, ejerciendo gran influencia en **España** e **Italia** y –a

través de los **inmigrantes** de esos países en la **Argentina**. Entre sus obras principales encontramos a: *Dios y el Estado* (1871). 

Beneficio: Ganancia; diferencia entre los **ingresos** obtenidos y los **costos de producción** de un **bien** que obtiene un **empresario** en una **economía capitalista**. Definido de diversos modos (una suerte de **"salario"** del **empresario**, un reconocimiento a sus conocimientos, el **interés** del **capital**, la asunción de riesgos, etc), la mayoría de los economistas plantea hoy que el B equivale a la parte del **producto** que queda luego de deducir las **rentas** (pagos al factor **tierra**) y los salarios (pagos al factor **trabajo**). El **marxismo** rastrea el origen del B en la **explotación** de la **clase obrera** por parte de la **burguesía** por medio del mecanismo de la **plusvalía**. En el **feudalismo**, el B era la renta obtenida por el **señor** por la explotación de las tierras del **feudo** que éste recibía (por lo general de manos del **Rey**) a cambio de fidelidad y **vasallaje**.

Bernstein, Eduard (1850-1932): Político **socialdemócrata** alemán, miembro del *SPD*. A partir de 1889 encabezó el llamado **revisionismo**, que cuestionó al **marxismo** revolucionario y al **bolchevismo** planteando un **socialismo reformista** y parlamentario, compatible con el **capitalismo**.

Bienio rosso (Italia, 1919-1920): Ola de ocupación de **fábricas** y formación de **consejos obreros** (equivalentes a los ***soviets*** de **Rusia**) en el norte italiano, la zona más industrializada del país. También se generalizaron las ocupaciones de **tierras** de sus patrones por parte de los **campesinos**. El movimiento de los "dos años rojos" –iniciado en la **fábrica** automotriz Fiat de Turín- fue reprimido y terminó derrotado. **Gram-**

sci adjudicó la derrota a la incapacidad del Partido Socialista italiano para lograr que la **clase obrera** ganara la adhesión del campesinado del sur del país (prisionero de una visión regionalista) y su ceguera de limitar la lucha de los **trabajadores** a las reivindicaciones económicas inmediatas sin plantear la lucha **política**.

Bloque en el poder (Nicos Poulantzas): Conjunto de **clases** o **fracciones de clases** que ejercen el **poder** político en cierta etapa de un **modo de producción** determinado.

Bloque histórico (Antonio Gramsci): Forma concreta como se articulan las **clases sociales** en torno a la defensa de sus intereses en todos los niveles de una **estructura social** determinada. **Relaciones de fuerzas** sociales en un momento determinado, a partir de la **hegemonía** que un **grupo** social ejerce sobre el conjunto de la **sociedad**. También puede definirse como la relación orgánica entre lo coyuntural-político (**superestructura** ideológico-política) y lo estructural-económico (estructura socio-económica).

Bloque soviético (1945-1991): Coalición económica, **política**, ideológica y militar de países no **capitalistas** liderados por la U.R.S.S. en el marco de la **Guerra Fría** contra el **bloque occidental**.

Bolcheviques (Rusia, 23-8-1903 / 8-3-1918): (Del ruso *bolshevik* = "la mayoría"). Nombre adoptado en 1903 por los partidarios de **Lenin** en el II Congreso del **Partido Obrero Socialdemócrata** Ruso (POSDR), en oposición a los **mencheviques**, dirigidos por Martov y Axelrod. Las tesis de los B planteaban que -si bien el **capitalismo** en Rusia había empezado a desarrollarse- la **burguesía** era débil e incapaz de llevarlo hasta las últimas instancias. Sólo la **clase obrera**, aliada al **campesinado**, era capaz de derrocar al **zarismo** y desarrollar las tareas **democrático-burguesas** pendientes y, de este modo, acelerar el tránsito hacia el **socialismo**. **Lenin** planteaba su rechazo a la estabilización de la **república** burguesa y postulaba el tránsito inmediato al socialismo, sosteniendo que no había que esperar a que el **proletariado** creciera hasta ser el sector mayoritario de la **población** y considerando que la **revolución** era posible en un país atrasado. La cadena podía romperse por "el eslabón más débil" del **sistema** capitalista mundial, donde el conflicto era más agudo y la burguesía más débil. En 1912, tras separarse definitivamente de los mencheviques, los B formaron el **Partido Bolchevique**. En 1917, los B o **comunistas** rusos dirigieron la primera **revolución** triunfante de la **historia** bajo las banderas del **marxismo**: la Revolución Rusa. Desde 1918 pasó a denominarse **Partido Comunista de Rusia**. En 1952, **Stalin** eliminó el término B, adoptando para el partido gobernante el nombre de Partido Comunista de la U.R.S.S. (ver PCUS).

Bolcheviquismo: Ver **bolcheviques**.

Bolchevismo: Ver **bolcheviques**.

Bonapartismo (Karl Marx, 1852): Régimen político basado en el surgimiento de un **líder** político de características arribistas y aventureras que movilizando en forma controlada a las **masas** se coloca como representante del **Estado** y del **interés general**, apareciendo como neutral y por encima de los intereses de las **clases sociales** en conflicto. En algunos momentos –como en la **Francia** del siglo XIX de donde surge el término- cuando la **lucha de clases** se agudiza, la **burguesía** cede el control directo sobre el Estado a algún personaje **autoritario, conservador y populista**, que juega al mismo tiempo el rol de represor y unificador de las clases, con el fin de garantizar la **dominación** burguesa, apoyándose en la pasividad y falta de **conciencia de clase** de las masas populares (**campesinado o clase obrera**). Aunque la burguesía acepta esta **forma de gobierno** como un mal menor transitorio -cuando siente en peligro su dominio- es común que la situación se le escape de las manos y el líder bonapartista cobre una independencia más allá de lo pensado y tolerado por la clase dominante que lo ayudó a emerger (recordemos la *Marcha Peronista*: "combatiendo al **capital**"). Esa independencia se aprecia también en el debilitamiento del **Parlamento** a manos del **Poder Ejecutivo**. Es allí donde la burguesía busca desplazar al Bonaparte para retomar el control directo del Estado. Otras características del B: el apoyo de la **burocracia** y las **FF.AA.** y una relación directa y emotiva entre líder y **masa**. Por ejemplo, es el caso de **Napoleón III** en **Francia** y de la relación entre la burguesía, las masas y **Hitler**, en la **Alemania nazi**.

Bourdieu, Pierre (1930-2002): Sociólogo francés, combinó el análisis económico proveniente del **marxismo** con las cuestiones culturales y simbólicas; su idea es que lo social está determinado por múltiples causas, de modo que -aunque toma del marxismo la idea de la **lucha de clases**- dice que el **poder** económico, para reproducirse, necesita del poder cultural y simbólico. Analizando los mecanismos de la desigualdad social, desarrolló los conceptos de *habitus*, **capital** y **campo**, que constituyen sus aportes más originales a las **Ciencias Sociales**.

Brest Litovsk: Ver **Paz de Brest Litovsk**.

Brezhnev, Leonid Illich (1906-1982): Político soviético, en 1964 sucedió a N. **Kruschev** al frente de la **U.R.S.S.**, procurando un acercamiento con **Occidente**. Durante su mandato –ejercido casi hasta su muerte- tomó distancia de **China**, ordenó la invasión a Checoslovaquia y Afganistán y en general mantuvo el rumbo neostalinista de su antecesor.

Brigadas Internacionales (España, 18-7-1936 / 15-11-1938): Ejércitos formados por extranjeros voluntarios que apoyaron a los **republicanos** en la **Guerra Civil Española** (ver). En su mayoría **comunistas, socialistas y anarquistas**, las BI llegaron a ser unos cuarenta mil hombres, de los que un tercio murió en combate. La **Sociedad de las Naciones** las declaró ilegales y las expulsó de **España** en 1938.

Brigadas Rojas (Italia, 1969-1985): Organización de **izquierda** de confusa **ideología**, formada por estudiantes, intelectuales y **obreros**, orientada a la realización de atentados contra personas y **bienes del Estado**. El 16 de marzo de 1978 secuestró y asesinó al dirigente de la **Democracia Cristiana**, Aldo Moro. Sus dirigentes fueron enjuiciados a principios de la década del '80, con lo que la organización perdió toda influencia.

Broz, Josip: Ver **Mariscal Tito**.

Bujárin, Nikolai Ivánovich (1888-1938): Político y economista ruso, miembro de la dirección del **Partido Bolchevique** durante la **Revolución Rusa**. Cabeza del ala más moderada en la oposición a **Stalin**, concibió en forma **mecanicista** al **materialismo dialéctico**. En 1937 –al igual que muchos opositores– fue acusado de traición por Stalin y ejecutado al año siguiente. Entre sus obras principales encontramos a: *El ABC del comunismo* (1919).

Burguesía (siglo XI →): De acuerdo con **Marx**, la B es, en el **modo de producción capitalista**, la **clase social** propietaria de los **medios de producción** (**fábricas**, máquinas, edificios, **tierras**, **materias primas** y todo bien destinado a producir otros **bienes**), que explota el **trabajo asalariado**. Las posiciones divergen en cuanto a si es correcto incluir en la B a aquellos propietarios que por lo limitado de su **propiedad** se definen fundamentalmente por su propio trabajo (por ejemplo, un almacenero). En principio, el hecho de contratar mano de obra asalariada convierte al contratista en burgués, pero el tamaño de éste define su importancia social (piénsese en la abismal distancia entre nuestro almacenero y *Wal Mart*, por ejemplo). También algunos autores incluyen en la B a los **asalariados** que ejercen la dirección de la producción en defensa del **capital** (gerentes, directores, etc) y a los que ejercen el **poder** político garantizando la **acumulación de capital** (políticos, funcionarios, gobernantes, militares, jueces, etc), pero esto no parece sociológicamente atinado. Históricamente, la B surgió hacia finales de la **Alta Edad Media**, en el marco del renacimiento urbano (que se prolonga hasta el siglo XIV). El burgués era el habitante de los **burgos** o ciudades **medievales** que luchaba por el **libre comercio**. Podía ser un **mercader**, un funcionario, un **artesano** o un hombre de letras. Tenía una serie de privilegios que lo diferenciaba tanto de la **masa campesina** como de la nobleza. Por ejemplo, en el siglo XVIII, la B francesa (que no era la más rica) poseía el 20 % de las **tierras**. Según Bergier, hubo distintos grupos que formaban la B: los rentistas o dueños de tierras, los profesionales liberales de la magistratura o de la administración, la *bourgoisie d'affaires* o B financiera, y los artesanos y tenderos. Pero lo que predominaba era la **B comercial**, formada por los denominados mercaderes. La B –de la mano del **desarrollo de las manufacturas**, la **Reforma Protestante** y las revoluciones científicas– fue minando las bases del **feudalismo** y la nobleza, hasta encabezar las llamadas **revoluciones burguesas** que la llevaron al **poder** político: la **Revolución Gloriosa** en **Inglaterra** (1688), la **independencia de EE.UU.** (1776) y la **Revolución Francesa** (1789), procesos que consolidaron en el terreno económico y social la **Revolución Industrial** que estableció las bases definitivas del **capitalismo**.

Burguesía agropecuaria: Fracción de la **clase capitalista** dedicada al **sector primario** de la **economía**.

Burguesía comercial: Fracción comercial de la **burguesía**, dedicada a la circulación y **distribución** de **mercancías**.

Burguesía financiera: Fracción de la **clase capitalista** dedicada al **sector terciario** de la **economía**, específicamente a la actividad bancaria.

Burguesía industrial: Fracción de la **clase capitalista** dedicada al **sector secundario** de la **economía**. Los primeros grupos de industriales tuvieron una participación decisiva en la **Revolución industrial**. La **industria** del hierro fue en general más "burguesa" en sus orígenes, dado que para instalar esa industria no alcanzaba con las mínimas inversiones, que sí resultaban suficientes en la industria del algodón. La mayoría de los industriales pioneros, que provenían del campo, no eran técnicos ni estudiosos, sino improvisadores. Las generaciones posteriores aprendieron a administrar las **empresas** por sí mismos, sin depender de asesores especiales.

Burguesía nacional: **Fracción** nacional de la **clase capitalista**. Por lo general se la identifica con la **burguesía industrial** de **capital** nacional, que produce para el **mercado interno**.

Burguesía rural: Ver **burguesía agropecuaria**.

Burocracia: Conjunto de funcionarios especializados en las tareas administrativas de una organización. Por lo general, dependen de las decisiones de estrategia tomadas por otros. En sentido vulgar, se habla de B en referencia a la excesiva lentitud en el funcionamiento de la administración pública. Según Max **Weber**, la B se define por oposición a las **sociedades tradicionales**, como algo característico de la **sociedad** y el **Estado modernos** (en especial, a partir de la **Revolución Francesa** y la separación de **poderes**), su "jaula de hierro". Se trata de una autoridad legal, encargada de la aplicación correcta de los procedimientos, de carácter impersonal, y con la obligación de acatar las reglas aún cuando no se esté de acuerdo con ellas. Sus principales características son: **empleo**, sueldo, ascenso, preparación profesional, **división del trabajo**, competencias fijas, formalismo documental, subordinación y superioridad jerárquica. Esto se da no sólo en el **Estado**, sino también en el **Ejército**, la **Iglesia** y las empresas privadas. Para **Marx**, la **teoría** de la B es un **fenómeno** secundario: lo central es que el Estado es un instrumento de **dominación de clase**, siendo la B estatal un grupo parasitario (al igual que el Ejército y la policía) que defiende las condiciones generales de la **acumulación de capital**. Tras la experiencia de la **U.R.S.S.**, algunos autores (Milovan Djilas, Claude Lefort) plantearon la existencia de una B como nueva **clase política**, cuya fuente de enriquecimiento no se basaba en la extracción de **plusvalor** –como en el caso de la **burguesía**– sino en el control del **aparato estatal**. Desde el **marxismo**, **Trotsky** no acordó con la caracterización de la B soviética de la era de **Stalin** como una **clase**, definiéndola como una **casta** parasitaria del **Estado obrero** degenerado.

Burocracia estatal: Conjunto de funcionarios públicos profesionales encargados de la **administración** del **Estado**.

Burocracia sindical: *Élite* de dirigentes sindicales con privilegios económicos –tales como administrar arbitrariamente los fondos aportados por los **trabajadores** afiliados, las obras sociales, etc- y vínculos con los **empresarios** y el **Estado**, cuyo fin subjetivo es perpetuarse en el **poder**. Objetivamente, cumplen la función de frenar o desviar los reclamos de sus bases, y actúan como correa de transmisión de los intereses patronales y del Estado dentro del **sindicato**. Para mantenerse indefinidamente, la BS apela a recursos como exigir requisitos inalcanzables para presentar listas opositoras, el uso de matones que "aprietan" a los militantes opositores, **fraude** electoral, etc. I. Deutscher considera como el origen de la B a la separación del sindicalista de su **trabajo** (el dirigente sindical deja de ejercer su trabajo habitual durante su mandato).

C

Caída de la tasa de ganancia: Ver **tendencia a la caída de la tasa de ganancia.**

Campesinado: Clase de los **trabajadores** rurales independientes, propietarios de una pequeña parcela de **tierra** o **minifundio,** cuya **producción** se caracteriza por un bajo nivel tecnológico y productivo, siendo realizada centralmente por **fuerza de trabajo** familiar –el único recurso abundante– y satisfaciendo primordialmente sus propias necesidades, aunque se orienta también hacia la venta de sus **excedentes** en el **mercado.** En algunas actividades estacionales (**cosechas, esquilas**), el C debe recurrir temporariamente a la contratación de **trabajo asalariado.** Podemos diferenciar –entonces– al **campesino** tanto del pequeño productor perteneciente al C mediano –cuya producción se orienta más hacia el mercado que hacia la reproducción del núcleo familiar– como del **peón** rural –trabajador del campo que, al no disponer de tierras, vende su fuerza de trabajo a cambio de un **salario**–. El C surgió en el **Próximo Oriente** con la aparición de la **agricultura.** En el **feudalismo,** el campesino o **siervo** era dependiente de la **nobleza,** a la que debía fidelidad y **tributos** a cambio de protección militar y la utilización de la **tierra** para su sustento. Con el desarrollo de técnicas productivas en el siglo XVI y la **Revolución Francesa** en el siglo XVIII, las condiciones de vida del C mejoraron. Sin embargo, la **Revolución Industrial** arrasó con gran parte de ellos, al perder sus tierras y verse forzados a convertirse en **proletarios.** En Europa Oriental y Asia el mantenimiento de relaciones feudales de producción hasta el siglo XIX determinó el predominio del **latifundio** y la marginalidad y **pobreza** del C.

Campo (Pierre Bourdieu): Espacio social donde hay en juego un **capital** determinado (cultural, económico, político, simbólico, etc) por el cual quienes en él participan luchan por apropiárselo. El C conecta la **estructura** con la **superestructura** y lo social con lo individual. En cada C hay una lucha interna de **poder,** una competencia por la **hegemonía** del C. La lucha entre las **clases** es el conjunto de las luchas en cada uno de los C. Alude también a la determinación de un "C de **investigación**" determinado metodológicamente para probar o refutar una **hipótesis.** En definitiva, el C es una estructura **objetiva** de una **sociedad,** cada uno de los espacios estructurados de posiciones ocupados por los **agentes** sociales en lucha, quienes protagonizan relaciones de **dominación** y subordinación. Esta estructura **objetiva** es producto de la **distribución** no equitativa de los **bienes** (capital), lo que da poder a sus poseedores sobre quienes no los tienen. Los C son el lugar de juego y de lucha donde se establecen **relaciones de fuerza.** Opuesto: *habitus.*

Capital: En general, se considera C todo lo que ha resultado del esfuerzo realizado por los hombres en el pasado: las **fábricas,** maquinarias, rutas, etc, y que constituyen el contexto económico en el que se desarrolla el **trabajo** humano. En las primeras sociedades, los C fueron hachas, arcos, etc. Pero con el tiempo, los medios para dominar la naturaleza se volvieron más potentes y eficaces, como producto de la inventiva humana (las **industrias,** medios

de transporte, etc.). Esta evolución permitió que el trabajo humano, que utiliza estos medios, sea más eficiente. En el **capitalismo** en particular, la **teoría económica clásica** denomina C a uno de los tres **factores de la producción**, consistente en el patrimonio (en **tierras**, maquinarias, **dinero**, etc) que se tiene en **propiedad** y que se invierte para obtener una **ganancia, beneficio o renta**. Existe un **C usurario** y un **C mercantil**, los cuales obtienen **plusvalía** en el proceso de circulación actuando como intermediarios. Sin embargo, el pasaje de la **sociedad** precapitalista al capitalismo significa la entrada del C en la **producción** y no ya en la circulación. Para el **marxismo**, el C –en términos globales– es trabajo humano acumulado, pero bajo el capitalismo es **propiedad privada** de un **capitalista**, valor resultante de la extracción de plusvalía a la **fuerza de trabajo** y que es utilizada por su propietario como **medio de producción** con el fin de proseguir con el proceso de **acumulación**. El C es resultado también del atesoramiento de dinero para producir **mercancías**, con el fin de obtener más dinero o ganancia, es decir, un valor que se valoriza a sí mismo. **Marx** estableció la **fórmula general del capital**: D-M-D´, donde D representa al **C constante** y al **C variable** adelantados por el capitalista, M es la mercancía producida, y D´es el dinero más un plus de valor o plusvalía generado en el proceso de producción por la mercancía fuerza de trabajo. Desde el punto de vista de Marx, el C corresponde al período histórico de la producción capitalista. Estos elementos le permitieron a Marx ver al C, no como una "cosa" sino como una relación social de producción-apropiación, observando además que su reproducción puede ser simple o ampliada. Por otra parte, pudo distinguir entre la **composición técnica del** capital (**capital fijo** y **capital circulante**) y la **composición orgánica del capital** (**capital constante** y **capital variable**). Mientras que para el **liberalismo** y las demás teorías económicas **burguesas**, el C es una de las partes fundamentales de toda **economía**, para el marxismo se trata de una relación social basada en la apropiación ilegítima del trabajo ajeno, siendo el trabajo la única fuente legítima de acumulación.

Capital (Pierre Bourdieu): Conjunto de **bienes** acumulados que se producen, se distribuyen, se consumen, se invierten y se pierden. El C, al estar distribuido en forma no equitativa, determina la posición que cada **individuo** ocupa en cada **campo** (económico, cultural, simbólico o social).

Capital comercial: Parte del **capital** que actúa en la esfera de la circulación y la **distribución**, en el llamado sector **servicios**. La **fracción capitalista** propietaria de CC es la **burguesía comercial**.

Capital constante (Karl Marx): Valor de los **medios de producción**, **capital** anticipado que se invierte en la compra de ellos, el CC es uno de los componentes del valor –junto con el **capital variable** y la **plusvalía**-. El CC está formado por las **materias primas, insumos**, maquinarias, edificios, etc, utilizadas para la **producción** de una **mercancía**. A diferencia del capital variable, el CC no crea plusvalía, limitándose a mantener su valor. **Marx** sostiene que la tendencia fundamental del **capitalismo** lleva al aumento del CC en detrimento del capital variable, es decir a un aumento de la **composición orgánica del capital**.

Capital cultural (Pierre Bourdieu): Conjunto de **bienes** culturales acumulados en una

sociedad que pueden apropiarse aquellos que cuentan con los recursos necesarios. La posesión de mayor o menor CC divide a la **población** en **grupos** jerárquicos y debe ser considerada junto con el **capital** económico para determinar la pertenencia de una persona a una **clase social,** porque es un factor que diferencia a la población y conforma grupos que tienen diferentes accesos a bienes y **servicios.** El CC es aquel que permite una posición privilegiada a quien lo posee. Por ejemplo, poseer un título universitario, el conocimiento de idiomas, de disciplinas científicas, de arte y literatura, etc. Una persona con CC alto estará en condiciones de situarse mejor en el **mercado de trabajo,** con un **ingreso** más alto y sabrá desempeñarse mejor (por ejemplo, para exigir atención médica; los museos y las bibliotecas son gratuitos, pero a ellos concurre más la gente que tiene el CC necesario para disfrutarlos). Son los aparatos culturales, es decir, **instituciones** como la **familia,** la escuela y los **medios de comunicación,** los que administran y transmiten el CC. De este modo, Bourdieu se diferencia del **marxismo,** que para definir la clase social sólo considera el capital económico.

Capital financiero: Fusión del **capital industrial** y **bancario.** La consolidación del CF es una de las características del **imperialismo** y el **capitalismo monopolista** (ver ambas entradas). El concepto pertenece a la **teoría marxista** posterior a **Marx.** Sus expositores fueron Rudolph Hilferding y V. I. **Lenin.** Autores no **marxistas** utilizan el término identificándolo exclusivamente con la **especulación financiera** o "capital especulativo" al que contraponen con el "capital productivo". Así, en la **economía neoclásica** se llama CF a los fondos que se utilizan para la compra de **capital real.**

Capital industrial: Parte del **capital** dedicado a la **producción** de **mercancías. Marx** sostiene que la **Edad Media** legó dos formas diferentes de **capital:** el **capital usurario** y el **capital comercial.** Cuando se disolvieron los **feudos** y al ser expropiada la **población** rural, el capital -acumulado por la **usura** y el **comercio**- pudo transformarse en CI.

Capital mercantil: Forma de **capital** interviniente en la esfera del intercambio de **mercancías,** propio de las **sociedades** precapitalistas y en especial del período conocido como **mercantilismo.** Su propietario es denominado **mercader.** Es el antecedente del **capital comercial.**

Capital simbólico (Pierre Bourdieu): Variedad de recursos (lingüísticos, retóricos, culturales) a los que cada persona apela en el devenir de su existencia social y en sus diferentes situaciones de **comunicación.** Se relaciona íntimamente con su lugar en la **estructura social.** El término fue utilizado por **Bourdieu** en la crítica que efectuó al concepto de **competencia lingüística** (ver). Según Bourdieu, los discursos antes de ser entendidos deben ser escuchados. Por lo tanto, es de rigor analizar a qué hablantes se les confiere derecho a la **palabra:** quiénes pueden hablar y quiénes no en determinadas situaciones, en qué esquema de relaciones de **poder** entre los interlocutores se emiten los **enunciados,** etc. El **enunciador** de un **discurso,** por lo tanto, no sólo genera discursos correctos o incorrectos sino que antes, y sobre todo, debe lograr hacerse escuchar. Todo esto dependerá de su CS.

Capital social (Pierre Bourdieu): El CS puede considerarse de acuerdo con los vínculos que tiene una persona, los que le otorgan determinado **prestigio**. A veces alguien puede ser pobre en términos económicos y no poseer un **capital cultural**, y sin embargo esa persona puede tener "contactos" con otras personas importantes que estén en puestos claves y faciliten el acceso a determinados **bienes** y **servicios**. Por eso, **Bourdieu** considera que los vínculos que una persona tiene con su entorno son importantes también para considerar la **clase social** a la que pertenece. Esta es una diferencia importante con el **marxismo**, que considera solamente el capital económico a la hora de definir a las clases sociales.

Capital usurario: Tipo de **capital** que rinde **ganancias** a su propietario bajo la forma de **interés**. El CU surgió en la **Edad Media**, en el período de descomposición de la **comunidad** primitiva, cuando el usurero comenzó a prestar **dinero** a **artesanos** y **campesinos**, con **tasas de interés** altísimas, que terminaban por arruinarlos. Es el antecedente histórico del capital de **préstamo**.

Capital variable (Karl Marx): Parte del **capital** anticipado por un **capitalista**, que se invierte en la compra de la **mercancía fuerza de trabajo**, y cuyo **precio** es el **salario**. Valor de esa fuerza de trabajo, uno de los componentes del valor –junto con el **capital constante** y la **plusvalía**-. Del CV surge la **producción** de plusvalía. Aunque no debe tomárselos como sinónimos, en **economía clásica** se habla de **capital circulante**.

Capitalismo: Modo de **producción** basado en la **propiedad privada** de los **medios de producción**, la libre contratación de **trabajo asalariado**, la extracción de **plusvalía**, la

obtención de **beneficios** y la **acumulación de capital**. Mientras que para **Marx**, lo central del C es la **producción** de plusvalía –surgida de la **explotación** del trabajo asalariado por parte del capital y no en la esfera del intercambio como sucedía en la sociedad precapitalista–, para **Weber** el elemento más importante del C moderno no es su carácter **clasista** sino la **racionalización** de la empresa productiva. Weber describe la **"ética protestante"** como motor del C. W. Sombart ve al C como un conjunto de **valores** racionales orientados a la obtención de **ganancia** –el "espíritu capitalista" . Para J. **Schumpeter** el C es un **sistema** racional de **mercado** basado en el "empresario innovador". Históricamente, la formación del C está ligada a la llamada **acumulación originaria**, que implicó la separación del productor de sus medios de producción, el apropiamiento en forma de **monopolio** de esos medios en manos de la **burguesía** y la aparición de una **clase social** que sólo dispone de la venta de su **fuerza de trabajo** a esa burguesía para subsistir: el **proletariado**. Si bien se habla de C para hacer referencia al período de transición en que decae el **feudalismo** (en los siglos XIV y XV pueden rastrearse antecedentes en el norte de **Italia**, Flandes y algunas zonas de la cuenca del Rhin; en el siglo XVI surgió el trabajo **a domicilio**), la forma capitalista de producción propiamente dicha se consolidó a partir de mediados del siglo XVIII con la **Primera Revolución Industrial**, cuando se desarrolló el C de **libre competencia** de raíz liberal, centrado en la **ley de la oferta y la demanda**. A partir de la **Segunda Revolución Industrial**, y especialmente desde el siglo XX, predominó el C monopolista, con el surgimiento de los *trusts* y la **concentración del capital**. Desde la **Crisis del 30** y hasta la **Crisis del Petróleo** en la década de

1970, predominó el llamado C **keynesiano**, centrado en la intervención del **Estado** en el **mercado** (**economía mixta**). Desde entonces, se impuso el C **neoliberal**.

Capitalismo monopolista (Paul Sweezy y Paul Baran, 1966): Etapa posterior al **capitalismo competitivo** industrial en la que los **monopolios** controlan al conjunto de la **economía** y determinan unilateralmente los **precios**. Sweezy y Baran sostienen que, mientras que en el capitalismo competitivo impera la **tendencia a la caída de la tasa de ganancia**, en el CM la **plusvalía** tiene una tendencia alcista, dado el dominio del **mercado** que los monopolios tienen. El concepto es polémico incluso al interior de los autores **marxistas**, muchos de los cuales rechazan la diferenciación.

Capitalismo monopolista de Estado: Unión del **capital monopolista** con el **Estado**. Bajo el CME, el Estado pasa a cumplir una función de instrumento de los monopolios y grandes **corporaciones** económico-financieras, garantizando a éstos la **acumulación de capital** y la supresión de competidores serios por medio de contratos y **créditos de privilegio**, reducción o supresión de impuestos y aranceles, entre otras medidas. Sweezy y Baran han criticado a esta denominación, argumentando que el Estado capitalista siempre es un instrumento del capital (no sólo en la era de los monopolios). En su reemplazo, prefieren hablar de **capitalismo monopolista** a secas (ver).

Capitalista: Ver **burguesía**.

Castrismo: Conjunto de posiciones políticas de los partidarios de Fidel **Castro**, el líder de la **Revolución Cubana** de 1959. En general, se reivindican castristas grupos **guerri**lleros que plantean la toma del **poder** por la **vía armada**, como vía de reemplazo de la construcción de un **partido** revolucionario de **masas**. Puede extenderse, en algunos casos, a la defensa del **régimen político** cubano (**partido único**) o a la defensa de un modelo **socialista** latinoamericano, etc. Por otra parte, el C apareció como una alternativa radicalizada frente al modelo de los **partidos comunistas** latinoamericanos, que planteaban una alianza con sectores de la **burguesía nacional** para impulsar una **revolución** reformista democrática. El C consideraba a la burguesía latinoamericana como un agente del **imperialismo** norteamericano. Posteriormente, castristas y partidos comunistas flexibilizaron sus posturas y llegaron a identificarse.

Castro Ruz, Fidel Alejandro (1926 →): Político y abogado cubano, líder de la **Revolución Cubana** de 1959 junto al **Che Guevara** y **Presidente de Cuba.** Luego de ser encarcelado por el **Asalto al Cuartel Moncada** en 1953, encabezó el **Movimiento 26 de Julio**, la **guerrilla** que desalojó del **poder** al dictador F. **Batista**, se enfrentó a **EE.UU.** y aplicó medidas **socialistas**, expropiando a la **burguesía** cubana y extranjera, y apoyando a la **U.R.S.S.** Los índices sociales cubanos, especialmente en el campo de la **educación** y la salud, experimentaron un avance inédito, aunque el país no logró romper su dependencia del monocultivo del azúcar. Respaldó diversos **movimientos de liberación nacional** en diferentes países pero fue moderando sus posiciones, pasando desde planteos **comunistas** y anticapitalistas hacia una postura centrada en componentes **nacionalistas** y antiimperialistas (por ejemplo, frente a la **Revolución Sandinista** en Nicaragua o en su respaldo político a líderes nacionalistas, como el venezolano **Chávez,**

el brasileño **Lula** o el argentino **Kirchner**), e incluso ha flexibilizado notablemente su actitud hacia el **capital** extranjero, especialmente tras la desaparición de la U.R.S.S. Desde 1965 preside el PC de Cuba.

Centralización del capital: Aumento del **capital** originario de una **empresa**, avanzando sobre las empresas de los competidores, a través de los mecanismos de **fusión** y **absorción** o atracción de otros capitales. La CDC implica una redistribución del capital preexistente. Un ejemplo típico es el de las **sociedades anónimas**.

Cesarismo (Antonio Gramsci): Solución arbitral confiada a una gran personalidad para salir de una situación de **lucha de clases** o de **guerra civil** muy marcada y que plantea una perspectiva catastrófica. El C expresa una situación en la que las fuerzas o **clases sociales** en lucha se equilibran de modo que la continuación de la lucha sólo termina con la mutua destrucción: A se enfrenta a B, pero se destruyen recíprocamente. Es allí cuando interviene el César, sometiendo a ambas. El C es progresivo si ayuda a triunfar a las fuerzas progresivas (por ejemplo, **Julio César** y **Napoleón I**) y es regresivo si ayuda a triunfar a las fuerzas regresivas (por ejemplo, **Napoleón III** y **Bismarck**). **Weber** definió al C como a la plebiscitación de un **líder carismático** por parte de una **masa** irracional que apoya la concentración de todo el **poder** en manos de aquel (como sería, por ejemplo, el caso del **rosismo**). Algunos autores asimilan el C gramsciano con el fenómeno que **Marx** denominó **bonapartismo** (aunque éste siempre es reaccionario). Surgido en **Roma**, son características del C: 1- el acceso al poder por medio de un golpe de fuerza militar con apoyo popular, 2- una política **populista** que pone límites a las clases dominantes, a las que sin embargo el líder protege frente a las masas y 3- la existencia de una formalidad democrática (**Parlamento** adicto, **elecciones** y **plebiscitos** manipulados, etc).

Che Guevara: Ver Guevara de la Serna, Ernesto "Che" Rafael.

Cheka (U.R.S.S.): Policía secreta formada tras la **Revolución Rusa**. A partir del control del **aparato del Estado** por **Stalin** (1922), endureció notablemente sus funciones, siendo la encargada de detener y ejecutar a aquellos que el régimen **stalinista** consideraba que estaban desarrollando actividades contrarrevolucionarias. El término fue utilizado también por el bando **republicano** en la Guerra Civil Española, en países aliados a la **U.R.S.S.** y por los **nazis** en **Alemania**.

Clase: Ver **clase social**.

Clase contra clase (1928-1934): Táctica decidida por el VI Congreso de la **Internacional Comunista**, bajo la dirección de **Bujárin** y **Stalin**, que dio un giro sectario, planteando el rechazo al **frente único** leninista, con la expectativa de que la **crisis** mundial de la **economía capitalista** llevaría en forma "catastrófica" a la **revolución**. Produjo un fuerte enfrentamiento entre **comunistas** y **socialistas** y facilitó los planes del **fascismo**. El **stalinismo** caracterizó a socialistas reformistas y **laboristas** como enemigos y obstáculos principales de la revolución.

Clase dominante: Clase social que ejerce la **dominación** –basada en la **coerción** física- en la **sociedad**, pero que ha perdido el **consenso** del resto de las clases. Es la clase que ejerce el control sobre la economía, las **finanzas**, la **cultura** y los **medios de comunicación**. Opuesto: **clase dirigente**.

Clase en sí (Karl Marx): Aspecto **objetivo** que identifica a las **clases sociales**. Un in**dividuo** puede pertenecer objetivamente a una clase, pero no darse cuenta de ello: puede considerarse **obrero** -porque lo es- pero puede no sentirse solidario con los demás **trabajadores** que están en una situación igual o parecida a la suya. A los **individuos** de una CES les falta tomar conciencia y sentirse vinculados a un **grupo** que tiene sus mismos problemas e intereses de clase. Es por ello que no desarrollarán una auténtica **lucha de clases** (aunque sí tendrán **contradicciones de clase**). En el momento en que aparece la **conciencia de clase**, se puede hablar de **clase para sí**, que es el elemento **subjetivo**. **Marx** planteó que el conjunto de **individuos** con una posición similar frente a los **medios de producción** sólo se convierten en clase cuando toman conciencia de ello y actúan como tal, como clase.

Clase en transición (Karl Marx): Clase so**cial** en formación dentro de un **modo de producción** en decadencia. Es el caso de la **burguesía** y el **proletariado** en la **sociedad feudal**. En un sentido opuesto, también es una CET la clase social en proceso de desaparición, como es el caso de la **nobleza** o la **servidumbre** en la **transición del feudalismo al capitalismo**.

Clase media: Para los **funcionalistas**, la CM se define por aquel sector social que ocupa el **estrato** medio de **ingresos**. En la visión de **Weber**, las **situaciones de clase** que no se determinan de modo primario por la **propiedad**, forman las CM. Esta clase posee alguna forma de propiedad, pero no es ésta la determinante de su **situación de clase**, la cual está vinculada a servicios, actividades lucrativas o educativas (**empresarios**, **artesanos**, **campesinos**, empleados y **trabajadores**). Para el **marxismo**, la CM es la **pequeña burguesía**, que agrupa a aquellos que no forman parte ni del **proletariado** ni de la **burguesía**, pudiendo ir desde ciertos sectores **asalariados** hasta pequeños y medianos propietarios con algunos empleados, lo que muestra la heterogeneidad de esta **clase social**. Ejemplos de CM: docentes, médicos, intelectuales, comerciantes, pequeños y medianos productores rurales.

Clase obrera: En un sentido restringido, la CO agrupa a los **trabajadores manuales** de la **industria**. En un sentido más amplio, pertenecen a la CO todos los que viven de la venta de su **fuerza de trabajo** a un **capitalista** a cambio de un **salario**. Aunque el término es ambiguo y puede aplicarse a diversas formas laborales, al menos a partir del siglo XVIII (**campesinos** expropiados de sus tierras y **artesanos** en quiebra fueron la base social que constituyó a la CO) Edward Thompson sostiene que la CO -como conjunto organizado, con una mínima **conciencia** de sus intereses y un mínimo de organización- surgió en **Inglaterra**, entre 1790 y 1830. El **marxismo** considera que la CO es la **clase social** explotada que debe encabezar la **revolución socialista**.

Clase para sí (Karl Marx): Aspecto **subjetivo** que identifica a las **clases sociales**. Conciencia de su situación por parte de los **individuos** que pertenecen objetivamente a una **clase social** y que los lleva –en consecuencia– a actuar en conjunto. Esta conciencia se adquiere a través de la lucha

con otra clase; de este modo, una **clase en sí** se unifica, adquiere organización **política** y se vuelve consciente de sus intereses comunes, pasando a ser una CPS.

Clase social: Ver **clases sociales**.

Clase subalterna (Antonio Gramsci): Toda **clase social** popular, explotada y oprimida, siendo el **proletariado** la CS fundamental.

Clase trabajadora: Ver **clase obrera**.

Clases sociales: Según el **marxismo**, la existencia de las CS está ligada a determinadas fases históricas del desarrollo de la **producción**. Así, se llama CS a cada uno de los grupos definidos por su posición en un **modo de producción**. En este sentido, pertenecen a una misma CS los **individuos** que tienen una similar relación con la **propiedad** –o no propiedad- de los **medios de producción**. En el **capitalismo**, si bien existen otras CS, los **obreros** no propietarios –el **proletariado**- y los capitalistas propietarios –la **burguesía**- son las clases fundamentales, lo que lleva a la **explotación** de los primeros por los segundos. El marxismo ve en la **lucha de clases** el motor de los cambios históricos (ver también **clase en sí** y **clase para sí**). Para **Weber**, la CS se define por el **ingreso** (clase alta, media o baja) o la situación económica de un **individuo** en el **mercado** (**situación de mercado**), es decir, por sus posesiones, **cultura**, hábitos de **consumo** y todo aquello que denote qué tipo de oportunidades tiene cada individuo. Así, en el capitalismo, Weber ve cuatro CS: **proletariado, pequeña burguesía, *intelligentzia*** y **trabajadores** no manuales (administrativos y gerentes), y propietarios. Sin embargo, además de lo estrictamente económico Weber da gran importancia a: 1- la gran diversidad de situaciones de clase, 2- la **educación** como factor que determina la **situación de clase** y 3- la **movilidad social**. En este sentido, a diferencia de Marx, Weber iguala en importancia a las CS con otras dos categorías sociales: el *status* (honor o **prestigio**) y el **poder** (político). Sin embargo, **Giddens** plantea que en Weber la CS se orienta en el campo de la **producción** (¿cuánto consume?) y es el **grupo de *status*** el que lo hace en el campo del consumo (¿qué y cómo consume?). Así, las CS son agregados de **individuos** que comparten la misma situación de mercado. También a diferencia de Marx, Weber consigna sin priorizar múltiples CS: trabajadores manuales (no propietarios), trabajadores manuales calificados, **pequeña burguesía** (pequeños propietarios), trabajadores no manuales, no propietarios de **cuello blanco** (técnicos, empleados públicos, empleados de comercio, etc, con niveles educativos altos), privilegiados gracias a la propiedad y la educación, etc. De todas formas, Weber admite que la situación de clase tiende a unificar a las personas en dos clases. A diferencia de los **estamentos** o las **castas**, las CS son grupos de hecho (no existen por tener un reconocimiento legal o por la costumbre), son relativamente abiertos (es decir que no está prohibida formalmente la entrada o salida de cada clase), son menos endógamas y se sustentan principalmente en una base económica. Las CS consideradas en sentido moderno, surgieron en las **sociedades** industriales que se desarrollaron desde el siglo XVII. El **funcionalismo** diluye el concepto de CS privilegiando el de "estratos sociales" y priorizando el **equilibrio social** al **conflicto**. Eric O. Wright incorporó el concepto de "control", para hacer una mayor diferenciación entre las CS: a) control sobre las **inversiones** y el

capital; b) control sobre los medios físicos de producción; c) control sobre la **fuerza de trabajo**. Reconoció también situaciones de contradicción al interior de cada clase. Frank Parkin aportó el concepto de "cierre social" al que definió como la situación en que una minoría detenta poder y control sobre otros grupos. Dos conceptos más podemos agregar en relación con la CS: "exclusión" -estrategias de los grupos para separar a los "extraños", impidiéndoles el acceso a los recursos valiosos- y **"usurpación"** -intento de los grupos menos privilegiados para adquirir recursos monopolizados por otros-.

Clasismo: Doctrina y posición **política** que ubica como eje del análisis y la acción en la **sociedad** a la **lucha de clases**. El **marxismo** y el **anarquismo** son partidarios del C. En otra acepción, el C implica la discriminación o el desprecio hacia la **clase obrera** por parte de las clases acomodadas.

Coerción (Antonio Gramsci): Momento de la **dominación** desnuda, donde la **clase dominante** apela a la **sociedad política** –el **Estado**- para imponerse por medio de la violencia, a través de la **burocracia**, las leyes y las **Fuerzas Armadas**. Junto con el **consenso**, constituyen las dos caras de la **hegemonía**.

Coexistencia pacífica (1952-1956): Forma de tolerancia mutua entre **EE.UU.** y la **U.R.S.S.** -y sus respectivos aliados- por la que ambos **bloques** se comprometían a no promover **guerras** contra su oponente y resolver las controversias por otras vías. La CP se estableció como factor de apaciguamiento de la llamada **Guerra Fría**, tras la situación de empate producida por la **Guerra de Corea**. La invasión soviética a

Hungría y el conflicto en el Canal de Suez generaron nuevas tensiones, siendo la **Crisis de los misiles en Cuba** (1962) un momento de pleno retorno a la Guerra Fría a pesar de los planteos de distensión, por ejemplo de Jruschov.

Colectivismo: Doctrina que postula la **propiedad colectiva** de los **medios de producción**, subordinando el interés individual al progreso común. En este sentido, varios autores consideran propios del C regímenes y **teorías** diversos, como el llamado **comunismo primitivo**, el Imperio Incaico, variantes del **anarquismo**, el **socialismo** y el **comunismo** modernos. Otros autores incluyen en el C a **movimientos** tan diversos como el **corporativismo** y el **cooperativismo**.

Colectivización: Transformación de la **propiedad** de las **empresas** o las **tierras** en patrimonio del **Estado**. El término puede aplicarse a regímenes **comunistas** (Revolución Rusa), **capitalistas** (los *kibbutz* de Israel, **reformas agrarias** en América Latina) o de Estados burocráticos (**stalinismo**).

Colectivización forzada (U.R.S.S., 1928-): Política implementada por **Stalin** para eliminar la **propiedad privada** en el campo. En menos de un lustro, los **mercados** campesinos fueron clausurados, se aplicó el requisamiento de los productos **agrarios**, y el **Estado** pasó a fijar la cantidad y **precios** de los productos que las **granjas** debían entregar. Stalin asesinó a buena parte de la clase de los **campesinos** más favorecidos -los *kulaks*- creándose **cooperativas** de campesinos (*koljoses*) y granjas estatales (*sovjoses*). De este modo, desaparecieron de la **Unión Soviética** los propietarios privados de **tierras**. Esta política contrastó con la política de **Lenin** y los **bolcheviques**, que procuraban un paciente convencimiento de los campesinos, para ganarlos al campo de la **revolución**.

Combativo: Dícese del militante o dirigente político o sindical que está siempre dispuesto a luchar en forma consecuente y que repudia las negociaciones oscuras o a espaldas de las bases con las que se moviliza. Por ejemplo, el **Cordobazo** hizo surgir al llamado **sindicalismo C**, opositor de la **burocracia sindical** y con posiciones **clasistas** y de **izquierda**. Entre sus dirigentes, se destacaron Agustín **Tosco**, René **Salamanca**, José Páez y Gregorio Flores.

COMECON (Bloque soviético, 25-1-1949 / 28-6-1991): Consejo de Mutua Ayuda Económica (**CAME**). De estructura similar al **Plan Marshall** y la **CEE**, aunque en menor escala, fue instaurado por la **Unión Soviética** para la reconstrucción económica de posguerra de las naciones del **bloque del este**. Posteriormente se incorporaron otros países, como Mongolia y **Cuba**.

Composición orgánica del capital (marxismo): Proporción o participación del **capital constante** en el **capital** total. Cociente entre el capital constante dividido el capital constante y el **capital variable**, esto es, COC = CC / CC + CV. Representa una medida de la amplitud en que el **trabajo** vivo (capital variable) es provisto de **medios de producción** (materiales, instrumentos y maquinarias en el **proceso** productivo). También puede ser visto como la relación existente entre lo que un **capitalista** invierte en **tecnología** y aquello de que dispone para pagar **salarios**. La COC aumenta en el largo plazo por factores como el aumento en el gasto en **tecnología** que el capitalista se ve

forzado a hacer por la **competencia** (que es mayor que lo que paga por salarios) y el aumento de la **productividad** del trabajo. Todo este proceso en definitiva deriva en una **caída de la tasa de ganancia** (P / CC + CV). De este modo, la COC es un elemento clave de las **crisis** de **acumulación de capital**. No obstante, el aumento de la **tasa de plusvalía** (P / CV) puede neutralizar el aumento de la COC. Veamos un ejemplo: 1- si tenemos = CC 100 + CV 100 + P 100, la COC es 50 % y la tasa de ganancia es de 50 %, 2- si como resultado de esa acumulación de capital, ahora tenemos = CC 200 + CV 100 + P 100, la COC pasa a ser de 66 % y la tasa de ganancia cae al 33 %, El ciclo recomienza cuando la dinámica de la acumulación de capital obliga al capitalista a invertir más en tecnología (CC) que en salarios (CV). **Marx** plantea que inevitablemente la COC aumenta, lo que en tendencia hace bajar la **tasa de ganancia**.

Composición técnica del capital: Proporción en el **capital** total de **capital fijo** y de **capital circulante**. Mientras que los **clásicos** sólo reconocieron a esta categoría de capital, **Marx** la distinguió de la **composición orgánica del capital** (ver).

Comuna de París (Francia, 18-3 al 28-5-1871): Alzamiento revolucionario de la **clase obrera** parisina, cuya toma del **poder político** es considerado el primer intento concreto de la **dictadura del proletariado:** el ejército **burgués** fue reemplazado por el **pueblo** en armas y los tres poderes burgueses fueron reemplazados por un órgano: la Comuna. La CP se produjo como resultado del descontento popular ante la derrota francesa en la **Guerra Franco-Prusiana**, que dejó a París sin **gobierno**. Elegidos sus miembros por **sufragio universal**, todos los

diputados, funcionarios y jueces se habían convertido en delegados del **pueblo** -elegibles, responsables y destituibles en cualquier momento, no sobrepasando sus honorarios el jornal de un **obrero**-. Según el planteo de **Marx**, este **Estado** de la dictadura del proletariado seguía siendo un poder político que podía adoptar -frente a la contrarrevolución burguesa- una función represiva y terrorista, pero ejercida –a diferencia de todas las otras formas de Estado anteriores- por la mayoría contra una minoría de explotadores y apoyado en la libre voluntad de los **trabajadores** y el pueblo. Esta primera experiencia fue aplastada a los dos meses, con una durísima **represión** que provocó treinta mil muertos, pero se constituyó en el ejemplo a seguir por los **marxistas**, quienes sacarán la conclusión de que la derrota de la CP se debió –entre otras razones- a la falta de un **partido** obrero revolucionario (en relación con esto, la CP asestó un duro golpe a la **Primera Internacional**, al dejar en evidencia las profundas diferencias de estrategia entre **comunistas** y **anarquistas**).

Comunismo (Karl Marx, 1848 →): Con antecedentes en Antístenes y Diógenes, en G. Babeuf y en el **socialismo utópico**, el C es la **doctrina** del **marxismo** y la **sociedad** a la que éste aspira, basada en la inexistencia de la **propiedad privada** de los **medios de producción** y –en consecuencia- de las **clases sociales** y del **Estado**. Según el *Manifiesto Comunista*, el C busca abolir la propiedad privada que sirve para explotar el **trabajo** ajeno (la propiedad **burguesa**) y no la propiedad bien adquirida, fruto del trabajo y el esfuerzo personal. El medio para alcanzar tales fines es la toma del **poder** por parte de la **clase obrera**, la instauración de la **dictadura del proletariado**

y la paulatina disolución del Estado como instrumento de dominación de clase. El término C también es utilizado por **Marx** para definir a la segunda y última fase de la transformación revolucionaria, que sucede al **socialismo**. El C se caracteriza, en este sentido, por la desaparición de la **división del trabajo** entre **trabajo manual** y **trabajo intelectual**, el crecimiento continuo de las **fuerzas productivas**, la desaparición de las clases sociales, el **derecho** y el Estado, y un criterio de distribución basado en el principio **"De cada cual según su capacidad, a cada cual según su necesidad"**, superador del criterio distributivo de la fase socialista, centrada en el principio **"De cada cual según su capacidad, a cada cual según su trabajo."** Estos conceptos son propuestos por Marx a modo indicativo, pero en ningún momento plantea plazos para el cumplimiento de esos objetivos, lo que dependerá del desarrollo histórico de la sociedad.

Comunismo: Denominación adoptada por el **Partido Comunista** de la **U.R.S.S.** –y de todos los PC del mundo- heredada de la forma en que se hacían llamar los **bolcheviques**. Desde el punto de vista estrictamente **marxista**, el término C se reserva para la **sociedad** sin **propiedad privada** de los **medios de producción**, sin **clases** y sin **Estado**. Por lo tanto, en el caso del **régimen soviético** postleninista –y otros similares– se utiliza el término **stalinismo**. Debido a que éste –el stalinismo– se basa en la **estatización** de toda la **economía**, se produce la confusión de identificar al C marxista con la defensa del Estado (cuando es lo opuesto).

Comunismo de guerra (U.R.S.S., 1918-1921): Período inmediatamente posterior al triunfo de la **Revolución Rusa**, que se basó en el absoluto control del **Estado obrero** sobre la **economía**, con el objetivo de garantizar los suministros militares para la defensa de la revolución. Se nacionalizó toda la **industria** y el **comercio** y se acentuó la presión sobre los **campesinos**. La **guerra civil** desatada por los sectores privilegiados de la vieja **sociedad** debilitó a la **democracia directa** y llevó a plantear el CDG, que implicó ese control estatal más directo de la **producción** y la **distribución**. Con el triunfo **comunista** sobre la contrarrevolución, se inició una nueva etapa: la **NEP**.

Comunismo libertario: Corriente **anarquista** partidaria del anarcocomunismo. Su principal representante fue P. **Kropotkin**.

Comunismo primitivo (Karl Marx): También llamada "sociedad tribal", el CP se caracteriza por una muy baja **división del trabajo**, escaso desarrollo tecnológico y la **propiedad** común de **tierras** y herramientas de **trabajo**. Se trata de una **sociedad** con un nivel de subsistencia donde no existe la **propiedad privada** -y por ende el **excedente**-, lo que impide la formación de una **clase** propietaria explotadora y, en general, la existencia de **clases sociales**. Esto, por consiguiente, bloquea las posibilidades de constitución de un **Estado**, dada la igualdad social existente. Las sociedades del CP –que abarcarían el período que va desde la aparición de la **sociedad** humana hasta el 4.000 a.C., algo así como doscientos mil años– eran **cazadoras-recolectoras**, aunque también debemos incluir a las iniciales sociedades excedentarias agrícolo-pastoriles. El avance tecnológico fue prefigurando el surgimiento de excedentes, y con ello, la aparición de la propiedad privada, las clases sociales y el Estado.

Concentración del capital: Absorción de la **acumulación de capital** por parte de las **empresas** más fuertes. La **competencia** obliga a los **capitalistas** a aumentar la **eficiencia** y la **inversión**. Esto lleva a que sólo sobrevivan los más fuertes, quedando unos pocos capitalistas con la mayor parte del capital. La CDC ocurre cuando se amplía la escala productiva y el mismo capital diversifica sus fuentes de **beneficio**, ampliando una **fábrica** con un **comercio**, abriendo una fábrica integrada a otra anterior, etc.

Conciencia de clase (marxismo): Comprensión, por parte de una **clase social**, del lugar que ocupa en la **producción** y del papel que tiene que jugar en los acontecimientos políticos e históricos. Existe CC cuando los **individuos** se definen a sí mismos como miembros de una clase social y actúan en los hechos como parte de ella, defendiendo sus intereses. La CC significa que los **individuos** están formando parte de una **clase para sí**, de una clase con conciencia **política**. El término refiere especialmente a la **clase obrera** y –por defecto- al **campesinado** y otras clases. En este sentido, **Marx** considera que una clase obrera determinada tendrá mayor o menor grado de CC según se aproxime más o menos a la formación de un **partido obrero** propio que luche por la toma del **poder**, el derrocamiento del **capitalismo** y la instauración de la **dictadura del proletariado** (tendrá en ese caso una conciencia **socialista**). Lenin describió situaciones intermedias entre la plena conciencia y su ausencia (la **clase en sí**), tales como la conciencia sindical o la conciencia reformista.

Conciencia en sí: Ver **clase en sí**.

Conciencia falsa: Ver **falsa conciencia.**

Conciencia para sí: Ver **clase para sí.**

Conciliación de clases: Tendencia a armonizar los intereses de las **clases sociales.** Opuesto: **lucha de clases.**

Consejos obreros (marxismo): Organizaciones de los **obreros** en la **fábricas** (y de otras **clases** y espacios sociales), que aspiran a transformarse en embriones de la toma del **poder** por parte del **proletariado.** A diferencia de los **sindicatos,** los CO no se limitan a reclamos y luchas por reivindicaciones económicas en el marco del **capitalismo** (por ejemplo, un aumento de **salarios**) sino que aspiran a la lucha **política,** por el poder del **Estado.** Son ejemplos de CO los que se crearon en el *bienio rosso* italiano de 1919-20 -reivindicados por Gramsci- y los *soviets* de la **Revolución Rusa,** entre otros. Éstos se transformaron en organismos de **doble poder** que pusieron en cuestionamiento las **instituciones burguesas** (**Parlamento, Justicia,** ejército, **Poder Ejecutivo,** etc).

Consenso (Antonio Gramsci): Momento de la **hegemonía** centrado en el dominio ideológico, donde la **clase dominante** apela a la **sociedad civil** –con sus **instituciones:** la escuela, la **Iglesia,** los **medios de comunicación,** etc- para imponerse por medio de la **ideología.** Junto con la **coerción,** constituyen las dos caras de la hegemonía.

Cooperación simple (Karl Marx): Primer estadio de la **producción capitalista** o etapa de la **manufactura** más simple, es decir, de la producción manual que sólo se distinguía de la **artesanía** en el mayor número de **obreros** que utilizaba en forma simultá-nea un capitalista. En la CS cada trabajador realiza su **trabajo** en forma independiente de los demás, cumpliendo con todos los pasos hasta llegar al **producto** final, aunque están reunidos en un mismo lugar. Se trata, de este modo, de la fase inicial de la manufactura, cuando ésta aún no se había impuesto sobre el artesanado. La CS implica la reunión en un mismo lugar de trabajo de un **grupo** grande de obreros (muchos de ellos ex **artesanos**) para realizar tareas semejantes, coordinadas en base a un plan predeterminado. En la CS, el **capital** ya actúa en gran escala pero la **división del trabajo** y la maquinaria están poco desarrolladas. Proveniente de los sectores más prósperos de los finales del **feudalismo** (**mercaderes,** banqueros, navegantes, **señores** conquistadores de **tierras**) este sector capitalista incipiente proveyó la organización y se apropió de los **beneficios** productivos emergentes del hecho de que todos trabajaban en un único lugar, en vez de estar dispersos. Un ejemplo de CS es la reunión de varios telares en un solo taller, sin dividir el trabajo entre ellos, produciendo todos el mismo tipo de **mercancía.** El oficio y la destreza del **obrero** era la base de este **proceso** de trabajo. A esta etapa le sucedió la fase de la manufactura avanzada, cuando el trabajo se parcela y especializa.

Cordobazo (Argentina, 29-5-1969): Rebelión **popular** de carácter **clasista** encabezada por los **obreros** industriales (IKA Renault, Fiat, Luz y Fuerza, metalúrgicos, construcción) y apoyada por los estudiantes universitarios de Córdoba. Producida a lo largo del mes de mayo, el día 29 llegó a su punto más alto esta lucha de oposición a la **dictadura militar** de J. C. **Onganía** y sus medidas antiobreras y antipopulares. La protesta

ganó las calles, superó la **represión** policial y forzó la intervención del **Ejército.** El
C llevó a la caída de Onganía y al debilitamiento de la llamada **Revolución Argentina.**
Dos años después, estalló el **Viborazo** y la
dictadura del General **Lanusse** comprendió
que la rebelión obrera sólo podía ser conte-
nida por un hombre: Juan D. **Perón.**

Cordones industriales (Chile, 1970-1973):
Durante el **gobierno** de la **Unidad Popular,**
los CI eran grupos de **obreros** armados en
forma independiente, en defensa de las
transformaciones sociales impulsadas en
contra de los intereses de la **burguesía** chi
lena y extranjera. Los CI, en los hechos, se
colocaron a la **izquierda** del propio **Presidente** S. **Allende** y de los **partidos** de la **coalición** gobernante. Cuando los sectores de
la **derecha** y los intereses norteamericanos
comenzaron a conspirar contra el gobierno
de Allende, los CI fueron desarticulados por
éste, como un gesto de distensión frente
a sus adversarios. Sin embargo, los sectores más **reaccionarios** continuaron con
su accionar, debilitando al gobierno hasta
derrocarlo.

Cosificar: Convertir a algo en una cosa. Refiere en particular a las personas usadas
como un simple medio para lograr ciertos
fines. Por ejemplo, **Marx** sostiene que el
trabajador, al vender su **fuerza de trabajo**
al **capitalista,** se aliena y se transforma en
una cosa, una cosa que produce **plusvalía.**

Crisis: En Economía, fase del **ciclo económico** donde cesa la **expansión** dando lugar
a la **depresión** y la **recesión.** Se caracteriza
por la caída de los niveles generales de **demanda, producción, empleo, precios, crédito,** confianza, etc. Para el **monetarismo,**
la C se origina en factores monetarios o

financieros: la C se explica por las políticas
de los **bancos,** cambios en la disponibilidad
de oro o en las **tasas de interés,** etc. La
idea es que en la etapa expansiva de la
economía se produce **inflación** y ello hace
que se consuma menos, por lo que caen
los **precios** (**deflación**) y las ventas, hasta que ciclo se reinicia. Las teorías de la
sobreproducción o **subconsumo** plantean
que el **sistema** produce más de lo que la
gente puede comprar o se consume menos
de lo que se produce, luego de un período
de **auge** donde hay una **oferta de bienes**
inferior a la **demanda.** El **keynesianismo**
se apoya en esta visión, que vincula **inversión** con **consumo.** Para otra **teoría,** la C
se produce por innovaciones tecnológicas:
la C se da cuando los **empresarios,** por
querer ganar más, invierten en **tecnología,**
lo que hace que la expansión económica
sea desmedida. Para el **marxismo,** la C es
inherente al **capitalismo** y se produce por
sobreproducción, en razón de la **tendencia
a la caída de la tasa de ganancia.**

Crisis de 1873: La "Gran Depresión" fue tal
vez la crisis más profunda de la economía
mundial en el siglo XIX, provocada por la
caída de los **precios** y los **beneficios.** La C
de 1873 llevó al pasaje de una economía
de **libre competencia** a otra de **competencia imperfecta,** con la consolidación de los
monopolios y el **proteccionismo.**

Crisis de 1929: Ver Crisis del 30.

Crisis de hegemonía (Antonio Gramsci):
Crisis de **consenso,** la CH implica que la
clase dirigente ya no es tal pasando sólo
a ser **clase dominante,** es decir a basar su
dominio no en el consenso -centrado en la
sociedad civil- sino en la fuerza -centrada
en la **sociedad política**-. Situación en que el

dominio ideológico de una **clase social** por sobre el conjunto de la **sociedad** se debilita y comienza a ser cuestionado por las clases sociales que hasta allí aceptaban pasivamente su **dirección intelectual y moral**. Guillermo O´Donnell definía a la CH como a una **crisis de dominación celular**, donde se cuestionan los aspectos esenciales de la dominación **capitalista** (como el papel de la **burguesía** como **clase dominante**).

Crisis de los misiles (Cuba, 22-10 al 5-12-1962): Conflicto producido luego de la fallida invasión norteamericana en **Bahía Cochinos** entre las dos superpotencias –**EE.UU.** y la **U.R.S.S.**- producido cuando esta última emplazó misiles en **territorio** cubano. Luego de una enérgica amenaza norteamericana, la U.R.S.S. decidió retirarlos, bajo la promesa norteamericana de no invadir **Cuba**. Fue un momento clave de la **Guerra Fría**.

Crisis de sobreproducción: En el **capitalismo** fue posible por primera vez en la **historia**, lograr una gran **producción**, pero también se produjo una deficiencia de **demanda** (por los bajos **ingresos**, entre otros factores). De este modo, la CS estalla cuando lo que se produce no se vende, provocando cierre de **empresas**, **desempleo** y **quiebra** de una parte de los **capitalistas**, que son absorbidos por los más poderosos (ver **concentración** y **centralización del capital**). El **marxismo** las considera resultado necesario de la **anarquía de la producción capitalista**.

Crisis del 30 (1929-1939): La más grande e importante **crisis** económica mundial del **capitalismo**, conocida como la **Gran Depresión**. Luego de la fase de **expansión** del **ciclo económico** de la década de 1920, la gran prosperidad alcanzada en los países industriales de Europa y en los **EE.UU.** fomentó la ilusión de un progreso indefinido. En este país, el **boom** económico de los años ´20 terminó provocando una saturación en la **producción**, que no sería visto como un problema hasta el estallido **bursátil**. En ese contexto, las cotizaciones de las **acciones** de las **empresas** en la **Bolsa de Valores de Nueva York** no paraban de subir, lo que provocó una estampida de pedidos de **créditos** a los **bancos**, con el fin de adquirir acciones, especulando con que una futura suba enriquezca a los inversores (tengamos en cuenta que la mala situación de la Europa de posguerra fue frenando la posibilidad de exportar al viejo continente, lo que derivó en una importante **acumulación de capitales**, disponible para la **especulación**). Las cotizaciones –como resultado de las compras masivas de acciones- se fueron a las nubes, superando ampliamente la prosperidad real de la **economía**. Sumado a la crisis agrícola (por la reducción de **exportaciones**), hacia mediados de 1929 los banqueros que otorgaron los **préstamos** comenzaron a temer que -ante una caída de las acciones- aquellos que habían pedido créditos no los podrían devolver. Esto llevó a los bancos y al **gobierno** a subir la **tasa de interés**, lo que hizo más caro tomar créditos, medidas que despertaron temores de una caída de las acciones. Los tenedores de acciones entraron en pánico y salieron a vender las acciones para anticiparse a la caída en su cotización, de modo que -como todos lo hicieron simultáneamente y no hubo casi compradores- los precios de las acciones cayeron en picada (80 % entre 1929 y 1933), provocando la quiebra de los especuladores de la bolsa. El día que estalló la Bolsa de Nueva York, el 24 de octubre de

1929, se pusieron a la venta casi trece millones de acciones, casi sin compradores. Al no poder los accionistas devolver los créditos tomados, quebraron también los bancos prestamistas, quienes –a su vez– no pudieron devolver los **depósitos** a los ahorristas, provocando la quiebra de éstos. Como resultado de todo ello, el **consumo** se derrumbó y las **mercancías** se acumularon sin poder venderse, lo que hizo que las **empresas** cerraran **fábricas** y se generalizara la **desocupación**, provocando miseria creciente y **recesión**, en tanto que muchos **campesinos** perdieron sus campos hipotecados. El producto bruto norteamericano cayó cerca de un 10%, y la desocupación subió del 5 al 23% (15 millones de personas). Con el estallido de la crisis en 1929, los países se cerraron, quedando afectadas sus producciones (y el agro más que ninguna). En los países industrializados un 25% de mano de obra quedó cesante, la producción descendió a un 53% del nivel del año 1929 y el comercio mundial cayó a un 35% de su valor. Como causas de la CD30, los **liberales** –Robbins, por ejemplo– se inclinan por responsabilizar a la Reserva Federal norteamericana por no prevenir que las quiebras bancarias generarían una contracción del crédito, el consumo y la **inversión**. Para los **keynesianos**, el gobierno falló por omisión al no estimular la **demanda agregada**. Y para los **marxistas**, se trató de una **crisis de sobreproducción**, producida por el incremento de la producción **agrícola** e industrial de posguerra en Europa, más el crecimiento sin precedentes de EE.UU., Canadá y Australia. Todo ello en un marco de **salarios** bajísimos para la mayoría de la **población** trabajadora, la que no pudo comprar la **oferta** de mercancías, producida con sus propias manos. La CD30 planteó el giro de la economía mundial desde el **capitalismo liberal**, partidario del **libre mercado** y el **librecambismo**, hacia el **capitalismo keynesiano, proteccionista** y con fuerte intervención del **Estado**. En América Latina, la caída de los **precios internacionales primarios** puso en crisis definitiva al **modelo agro-exportador** y sentó las bases para la implementación de la llamada **sustitución de importaciones**.

Crisis del Petróleo (1973-1974): Cuando en 1973 recrudeció el viejo conflicto del **Medio Oriente**, produciéndose un nuevo enfrentamiento armado entre Israel y los árabes, estalló la CDP, iniciada con un embargo llevado a cabo por los países árabes productores de **petróleo** –miembros de la **OPEP**, que además veían recortadas sus **ganancias** por la **devaluación del dólar**– contra los países occidentales que habían apoyado a Israel en el conflicto armado. La CDP encareció el **precio** de los combustibles y obligó a buscar nuevas fuentes de **energía**. Esto afectó enormemente a los países importadores de petróleo, que debieron aumentar los precios de los **productos**, profundizando la **inflación** y la **recesión**. La **producción** industrial cayó en dos años un 15 %, afectando especialmente a las **industrias** automotriz, siderúrgica, petroquímica, aeronáutica y de construcción. Muchas industrias y **bancos** quebraron y los países **periféricos** también resultaron afectados. Así, a mediados de los ´70, entraba en **crisis** el **modelo capitalista keynesiano** y **fordista**, centrado en la combinación del **Estado interventor** y la **empresa** privada (lo que se llamó "economía mixta"), la disponibilidad de energía barata (en especial, petróleo), **pleno empleo** (o **subsidios**) y el fomento de la **demanda** desde el Estado. Se abrieron las puertas para la aparición del **neoliberalismo**.

Crisis fiscal del Estado (James O´ Connor): O' Connor plantea que el **Estado capitalista** está sacudido por una contradicción entre dos funciones básicas: la necesidad de sostener la **acumulación** (de **capital**) y la de **legitimación** (armonía social). Esta contradicción lleva a la CFE.

Crisis orgánica (Antonio Gramsci): Crisis del **Estado** en su conjunto, esto es, de los modos habituales de compromiso entre **clases dominantes** y **dominadas.** Situación en que las clases hegemónicas en una **sociedad** sufren una crisis de representatividad, pierden su capacidad para ser dirigentes del conjunto por el debilitamiento de su **legitimidad,** y en la que las **masas** abandonan a los **partidos** ligados a los intereses dominantes (los "partidos tradicionales"). A partir de una CO puede madurar el traspaso a una nueva forma de Estado, liderada por un nuevo **bloque histórico** encabezado por la **clase social** más revolucionaria, agrupada en partidos revolucionarios (para **Gramsci,** el partido **comunista** o partido **obrero**), -aunque también es posible la aparición de alguna forma de **cesarismo** que evite que la CO derive en una **revolución**-. De hecho, Gramsci sacó importantes conclusiones del fracaso del *bienio rosso* de 1919-20, cuando se produjo una CO pero la clase obrera no tenía un partido revolucionario para aprovechar la situación (por eso, Gramsci rompió con el Partido **Socialista** y fundó el PC).

***Cuadernos de la cárcel* (Antonio Gramsci, 1929-1935):** Escritos de **Gramsci** en su etapa carcelaria. Versan sobre diversas cuestiones, cuyo centro es analizar cuáles son las condiciones ideológicas, políticas, económicas y culturales para la revolución **socialista** en el **capitalismo** occidental. Fueron reescritos por Togliatti, bajo las directivas del **PCUS** de **Stalin** y sólo se publicaron más de diez años después de la muerte de Gramsci.

Cuarta Internacional (3-9-1938 →): Organización internacional **marxista** fundada por León **Trotsky,** que plantea la **revolución socialista** mundial. La CI sufrió numerosas divisiones que continúan hasta la actualidad. Expresa al **trotskismo,** ala izquierda del movimiento marxista.

Cuota de plusvalía: Ver **tasa de plusvalía.**

De cada cual según su capacidad, a cada cual según su trabajo (Karl Marx): Principio básico de la **sociedad socialista** o primera fase del **comunismo.**

De cada cual según su capacidad, a cada cual según su necesidad (Karl Marx): Principio básico de la **sociedad** comunista o fase final del **comunismo.**

D

***Declaración de La Habana* (Cuba, 2-9-1960 y 4-2-1962):** Documento aprobado por el **gobierno** de Fidel **Castro** por el cual se llamaba a la lucha antiimperialista y contra las **oligarquías** latinoamericanas y se instaba a los latinoamericanos a imitar el camino cubano, planteando que "El deber de todo revolucionario es hacer la **revolución.**" La segunda de las declaraciones se realizó como respuesta a la expulsión de **Cuba** de la **OEA.**

***Declaración de los Derechos del Pueblo Trabajador y Explotado* (Rusia, 3-1-1918):**

Una de las primeras **leyes** surgidas de la **Revolución Rusa**, junto con los **decretos** de la paz y de la tierra. En este documento, redactado por **Lenin**, se proclamó la **República** de los *soviets*, se abolió la **propiedad privada** sobre la tierra, se ratificó el **control obrero** de la **producción** y la **nacionalización de la banca**, se estableció el **trabajo** general obligatorio y se decretó el armamento de los **trabajadores**. Esas medidas sirvieron de base a la **Constitución** soviética, dictada en ese mismo año.

Democracia burguesa: Régimen político del **capitalismo** donde la **burguesía** ejerce una **dictadura** fundamentada en la **propiedad privada** de los **medios de producción**, pero que toma la forma **política** de aparente igualdad entre explotadores y explotados. La DB es lo que habitualmente se denomina como "**democracia**" a secas, término al que los **marxistas** le agregan el de "burguesa" en referencia al carácter de **clase** de esa democracia y al interés social que representa y defiende.

Democracia obrera: Régimen político de la **clase obrera** en el **poder** en la fase de transición del **capitalismo** al **comunismo**. Según **Marx**, se caracteriza por la más amplia **democracia** para los **trabajadores**, quienes ejercen una **dictadura** sobre la **burguesía**, **clase social** explotadora destituida del poder político y económico a partir de una **revolución socialista**. De este modo, la DO es, al mismo tiempo, la **dictadura del proletariado** (ver).

Democracia popular: Nombre de los **regímenes políticos** de los países del **bloque soviético**, caracterizados por un **partido único** o **hegemónico**: el **Partido Comunista**, de **ideología stalinista**.

Democratizante: Proveniente de la terminología **marxista**, el término D alude a la posición **política** que sostiene el carácter universal de la **democracia**, por encima de los intereses de las **clases sociales**.

Desarrollo desigual y combinado (León Trotsky): Convivencia en un país o región de zonas y actividades productivas muy avanzadas con otras sumamente atrasadas. El DDC se produce en la etapa del **capitalismo monopolista**. Los países **semicoloniales** y atrasados reciben en general la **tecnología** que ha caído en desuso en los grandes **países capitalistas**. Al mismo tiempo ingresan en la **periferia capitales financieros** con fines especulativos que distorsionan el **desarrollo** económico, ya que no tienen como fin la **inversión** productiva sino que posibilitan a los países que transfieren estos capitales una **ganancia alta y rápida**. El capital monopolista domina a los países atrasados en términos económicos y políticos, careciendo éstos de independencia para determinar una **política económica** que responda a sus intereses y requerimientos económicos. Por ejemplo, **Bolivia** y su política petrolera. (Ver también **dualismo económico** y **heterogeneidad estructural**).

Desestalinización (U.R.S.S., 1956): Proceso de revelación de detalles sobre las **purgas** y crímenes de millones de personas cometidos por el **stalinismo**, impulsado por N. Jruschov. La D se inició con el **XX Congreso del PCUS**, tras la muerte de **Stalin**. Si bien sirvió para conocer la **política** y la metodología stalinistas no significó un cambio total, dado que esas prácticas en buena medida continuaron luego de la muerte del líder.

Deshielo (U.R.S.S., 1953-1956): Período de apertura **política** producida tras la muerte de **Stalin** y que se hizo extensible a las relaciones de la **U.R.S.S.** con **Occidente**.

Despotismo oriental (Karl Marx): Modo de **producción** propio de la **sociedad tradicional**, en especial de **Babilonia**, **Egipto** y **China** antiguos, y los Imperios **azteca** e **inca**. El DO se caracteriza por un poder omnímodo en manos de un déspota, apoyado en una **burocracia civil, militar** y **eclesiástica**. Si bien Marx no le dio gran importancia a este modo de producción, autores posteriores lo denominaron como **modo de producción tributario**. Algunos autores consideraron al **stalinismo soviético** como un caso de DO.

Determinación en última instancia: Ver **última instancia**.

Dialéctica: **Método** de enseñanza filosófica utilizado entre otros por **Sócrates** y **Platón**. Consistía en el arte de preguntar y responder utilizando interlocutores, reales o imaginarios, con el objetivo de reflexionar sobre ciertos temas, persuadir a los demás o encontrar la **verdad**. La D era un método argumentativo que resaltaba las **contradicciones** en el **razonamiento** de los interlocutores, fomentando la discusión. Así, comenzó a definirse a la D como a un proceso por el que **fenómenos** contrarios se enfrentan produciendo un tercer fenómeno superador que los contiene a ambos, transformándolos. La D se basa en una **estructura** triádica: **tesis, antítesis** y **síntesis**. En **Hegel**, esa tríada representa el movimiento, conflicto y superación de las **ideas**, donde la síntesis se convierte en nueva tesis, que tendrá una nueva antítesis y de la que surgirá una nueva síntesis, y así sucesivamente, en un movimiento de espiral ascendente. En **Marx**, la D representa el movimiento, conflicto y superación en la **lucha de clases** y las **relaciones de producción** histórico-materiales de la Humanidad. Según su propia definición, Marx puso "patas para arriba" a Hegel: tomó de éste la D, pero desechó el **idealismo** y adoptó el **materialismo**. El cambio y el conflicto son permanentes, pero son los cambios materiales los que explican los cambios en las ideas (y no al revés, como creía Hegel). Partiendo de los análisis de **Engels**, puede hablarse de un **materialismo dialéctico marxista**, aunque el llamado **marxismo vulgar** –particularmente el **soviético** en la era **stalinista**- implicó una polémica reformulación –y deformación- del mismo. También hay autores que plantean una **lógica D**, diferente de la **lógica clásica**, basada en tres grandes **leyes de la D**: la ley del paso de la cantidad a la cualidad, la ley de la interpenetración de los opuestos o contrarios, y la ley de la **negación de la negación**.

Dialéctica negativa (Escuela de Frankfurt): Planteo crítico de una **antítesis** frente a una **tesis**, sin llegar a una **síntesis** superadora. Mientras que en la **dialéctica** hegeliana y marxista, existen tres momentos (tesis-antítesis-síntesis), en la DN sólo hay dos (tesis-antítesis), con lo que las **contradicciones** no se resuelven. La DN es propia de la visión anti-positivista pesimista de esta escuela, particularmente de T. Adorno, que descree de la posibilidad de superar el orden **capitalista**.

***Diamat* (U.R.S.S., 1924-1991):** Sigla del **materialismo dialéctico** según el **marxismo vulgar**, versión simplificada y deformada de la **dialéctica** materialista. Opuesto: *hismat*.

Dictadura de la burguesía: Dominio político de la **burguesía** bajo el **capitalismo**, que incluye diversos **regímenes políticos**, como **dictaduras** militares o civiles o el **bonapartismo**, siendo la **democracia burguesa** la forma de DB más habitual.

Dictadura del proletariado (Karl Marx): **Régimen político** que caracteriza al período de transición entre el **capitalismo** y el **comunismo**. La DP se produce cuando la **clase obrera** destruye a través de una **revolución socialista** el **Estado** capitalista y todas sus **instituciones** y lo reemplaza por un **Estado obrero**, con el fin de vencer la resistencia de la **burguesía**. Marx sostiene que -como todo régimen estatal- el **poder** de los obreros es una **dictadura**, porque se trata de una **clase social** que impone sus condiciones a otra clase social. La diferencia es que la DP es la dictadura de la mayoría –los **trabajadores**- sobre una minoría –los **capitalistas**-, mientras que las diversas formas de **Estados esclavista, feudal** o burgués son una dictadura de una minoría explotadora sobre la mayoría explotada. Sin embargo, la DP es –al mismo tiempo- un régimen de la más amplia **democracia obrera**: una **democracia directa**, con representantes electos en **asambleas populares**, que ganan lo mismo que un **obrero**, que rinden cuentas de sus actos, que pueden ser destituidos si no cumplen, con mandatos rotativos, etc. Además, la DP tiene como objetivo final la extinción del Estado, ya que la **socialización de los medios de producción** eliminará la división en clases de la **sociedad** y con ello, la necesidad de un Estado que defienda el interés de una **clase dominante**.

Dirección intelectual y moral (Antonio Gramsci): **Hegemonía** ejercida por una cla-se social sobre el conjunto de la **sociedad** a través del **consenso**. La DYM –de todas formas- siempre es complementada con la **coerción**.

Disidente: Término utilizado en **Occidente** –especialmente durante la **Guerra Fría**- para designar a los opositores de los regímenes **stalinistas** de Europa Oriental y otros, que denunciaban violaciones a los **derechos humanos**. En general, aunque muchas de esas denuncias eran reales, los D actuaban de acuerdo con los intereses del mundo **capitalista**, especialmente de los **EE.UU.** En la actualidad el término puede aplicarse por ejemplo a **Cuba**; allí, los D son un grupo muy heterogéneo; así, algunos de ellos plantean la reimplantación del **capitalismo** en la isla (los llamados "**gusanos**" residentes en Miami), mientras que otros cuestionan algunos aspectos del **régimen político** asumiendo, sin embargo, la defensa de las conquistas sociales de la **Revolución Cubana**.

División del trabajo: Fragmentación del **proceso** productivo en operaciones específicas realizadas por un solo **trabajador**. La DT permite reducir los desplazamientos entre una operación y otra. La **producción** masiva estandarizada y el desarrollo de **economías de escala** iniciados con la **Revolución Industrial** no hubieran sido posibles sin la profundización de la DT. Autores como A. **Smith** y E. **Durkheim** han desarrollado este concepto. El primero de ellos describió el ya clásico ejemplo de la fábrica de alfileres, planteando que, en tanto que un **obrero** aislado hubiera podido producir como máximo unos veinte alfileres diarios, la DT fabril en unas dieciséis operaciones permite aumentar la producción enormemente. Así, cita el ejemplo de una pequeña **fábrica**

sin maquinaria adecuada, que aplicando la DT entre los obreros fabricó cuarenta y ocho mil alfileres diarios, esto es cuatro mil ochocientos en promedio por cada obrero. La moderna **industria** se asentó sobre estos parámetros, que distinguen a la DT de la división de tareas en las sociedades preindustriales, dado que ésta no aumentaba significativamente la producción sino que servía, más que nada, para establecer distintos **estratos** sociales. Los economistas **clásicos** reivindicaron la DT, señalando que permite: reducir el tiempo de trabajo para producir (aumento de la **productividad**), simplificar el aprendizaje de las tareas, desarrollar la especialización, reducir **tiempos muertos** y **costos** y aumentar las **ganancias**, entre otras ventajas. **Marx** criticó esa lectura, a la que consideró una apología del **capitalismo**, planteando que el fraccionamiento de la labor del obrero constituía un **trabajo alienado** que convierte al trabajador en un apéndice de la máquina y en un instrumento del **capitalista**. Señaló que la división manufacturera del trabajo, típica del **capitalismo**, hace que ningún obrero en forma individual produzca **mercancías**, sino sólo el conjunto de ellos. De este modo, en el capitalismo la **división social del trabajo** (ver) y la DT en la producción se influyen recíprocamente, lo que no sucede en los **modos de producción** anteriores (ver también **división internacional del trabajo**, **taylorismo** y **fordismo**).

División social del trabajo: Conjunto de las relaciones directas e indirectas a partir de las cuales se producen los diversos **bienes** y **servicios** en una **sociedad**. Según **Durkheim**, la DST se vincula directamente con la cantidad de **población** con la que cuenta cada sociedad. En sociedades simples, la DST se basa en parámetros de sexo y edad. Desde el punto de vista del **marxismo**, la DST señala cuánto se han desarrollado las **fuerzas productivas**, sirviendo como indicadores la posibilidad de generar **excedentes**, la especialización y el crecimiento demográfico. La **división del trabajo** se produce primero en la **familia**, generando diferentes formas de **propiedad** -con la consiguiente facultad de disponer del **trabajo** ajeno o de sus frutos-. La primera DST que se produce por fuera de la familia es la que se da entre trabajo industrial y comercial, por un lado y agrícola, por el otro: división campo-ciudad, con intereses diferentes. Luego se divide también el **trabajo intelectual** del **trabajo manual** y el **comercio** de la **industria**. Después se dividen ramas internas, lo que depende del **sistema de trabajo** (patriarcado, esclavitud, estamentos, **clases sociales** modernas, etc). En lo relativo a la DST en la era moderna y la **Revolución Industrial**, **Marx** distingue las etapas de la **cooperación simple**, la **manufactura** y la **gran industria**.

Doble poder: Existencia de un **poder** político paralelo al poder estatal, al que amenaza con derrocar. El DP es propio de una **situación revolucionaria**, en la que una **clase social** se propone derrocar a otra. El ejemplo clásico de DP es el de los **consejos obreros** o **soviets** de la Revolución Rusa, donde los **obreros**, campesinos y soldados dirigían de hecho en buena parte del país, aún antes de la toma del poder por los **bolcheviques**.

Domingo Rojo: Ver **Domingo Sangriento**.

Domingo Sangriento (Rusia, 9-1-1905): Represión del **zarismo** en San Petersburgo contra una manifestación convocada por el Pope G. Gapón que quería presentar una petición. La protesta fue ametrallada por el **Ejército**. Junto con la derrota en la **guerra** contra **Japón** en ese mismo año, el DS fue uno de los hechos desencadenantes de la **Revolución de 1905**. Ante la represión, se desencadenó una oleada de **huelgas**, protestas **campesinas** y un **motín** de marinos en Odesa y en la guarnición de Kronstadt. El movimiento se profundizó y culminó con la formación de *soviets* para coordinar las acciones de la huelga, que implicaban una nueva forma de **poder** revolucionario basado en la **democracia directa**. Aunque las revueltas fueron sofocadas, el Zar promulgó una **Constitución** y prometió la convocatoria de una Duma (**Asamblea** Consultiva). La Revolución de 1905 impuso un **gobierno** mixto -monárquico y parlamentario- que reflejaba la influencia de la **burguesía**.

Dos, tres...muchos Vietnam (Che Guevara, 3-1-1966): Expresión del revolucionario argentino que manifestaba la necesidad de extender la **revolución socialista** a la mayor cantidad posible de países.

E

Economía clásica (siglos XVIII-XIX): Doctrina económica -la primera del **capitalismo** en sentido estricto- surgida en el marco de la **Primera Revolución Industrial**. En la escuela clásica se diseña un **discurso económico** que parte de un **individuo** racional autónomo y en donde: **división del trabajo**, **productividad**, **trabajo**, la relación **producción-consumo**, la **ley de la oferta y la demanda**, la **teoría del valor**, la **distribución** en el marco del **libre mercado**, el **pleno empleo** y la no intervención del **Estado** en la **economía** forman el cuerpo teórico fundamental. Con los clásicos surge la **economía política**

como disciplina teórica. Reconocen en el capitalismo a un orden natural y armónico (más en A. **Smith** que D. **Ricardo**) que no se debe violentar. David Ricardo y Adam Smith son los teóricos más representativos. La crítica a la EC es el punto de partida del **marxismo**.

Economía política (fines del siglo XVIII →): Disciplina que estudia las **leyes** sociales que determinan la **producción**, la **distribución** y el **consumo**. Un nuevo método de investigación económica que trata de indagar sobre la **esencia** del **fenómeno**, teniendo en cuenta que la **economía** es un **sistema** regido por **leyes** (que los **clásicos** creyeron naturales y eternas), la prioridad puesta en la **producción**, el surgimiento y desarrollo de la **teoría del valor-trabajo**, el análisis del **excedente** económico, la centralidad del largo plazo y la confianza en el equilibrio automático de la economía e imposibilidad de una **crisis** general, son las características centrales de la EP burguesa clásica. Aún con sus factores limitantes (tendencia a naturalizar las leyes económicas y a negar las crisis), el **marxismo** ha revalorizado a la EP, planteando que ésta implica la consideración de los factores políticos, históricos e ideológicos vinculados a las **clases sociales** a la hora de estudiar la economía, diferenciándose de este modo, de la "economía" a secas, que adopta una óptica desde un **individuo** a histórico. Desde este punto de vista, y con sus diferencias, podemos incluir dentro de la EP a la **fisiocracia**, a la **economía clásica** y fundamentalmente al **marxismo**, mientras que la economía "dura" es propia de los **neoclásicos** (ver **ciencia económica**, **economía** y **economía vulgar**). Esta última, por cierto, es predominante en el mundo académico de los últimos veinte años. De acuerdo con

Marx, la EP comenzó en **Inglaterra** con William **Petty** y en **Francia** con Boisguillebert y culminó con **Ricardo** y Sismondi en Francia.

Economía vulgar (Karl Marx): Denominación que **Marx** utilizó para describir a la **economía** burguesa posterior a David **Ricardo**. Mientras que la **economía política** clásica (especialmente Ricardo) era vista por Marx como científica –visión desinteresada, espíritu crítico, admisión de contradicciones de clase, aunque de un modo simplista y naturalizador– la EV es una mera apología del **capitalismo**, al negarse a investigar las relaciones entre las **clases** en la **producción** y **distribución** de las **mercancías**. Puede decirse que Marx describiría hoy a la mayor parte de los economistas como "espadachines a sueldo" de la burguesía, tal como lo hiciera con los economistas vulgares de su época.

Economicismo: Tendencia a explicar los **fenómenos** sociales exclusiva o determinantemente a partir de la **economía**, en desmedro de factores ideológicos, culturales o políticos. En particular, el E es propio del **marxismo vulgar** (por ejemplo, **Bujárin**, Bordiga, etc). Autores como V. **Lenin** y A. **Gramsci** criticaron al E por subestimar la importancia de la **política** pensando, de alguna manera, que "la **revolución** madura sola", sosteniendo una lectura **determinista** y llevando a las **clases** oprimidas a la pasividad y el fatalismo.

Economicismo (marxismo): Ver *tradeunionismo*.

Economismo: Ver **economicismo**.

Ejército Blanco (Rusia, 1917-1921): Fuerzas anticomunistas que combatieron contra el Ejército Rojo en la **guerra civil** rusa. Compuesto por elementos aristocráticos y con apoyo extranjero, fueron derrotados por los **bolcheviques**.

Ejército industrial de reserva (Karl Marx): **Masa** de los **trabajadores** desocupados provocada por la **economía capitalista**. Dado que la **demanda** de **trabajo** no depende del volumen del **capital** total sino sólo del **capital variable**, y que éste desciende proporcionalmente a medida que avanza la **acumulación de capital**, el resultado es que el crecimiento de la **población** obrera es mayor que el capital variable disponible para pagar **salarios**. El resultado es la necesaria formación de una población obrera remanente o sobrante, lo que produce el efecto de dividir a la **clase obrera** entre desocupados que presionan el salario a la baja y ocupados que aumentan su **productividad** y por lo tanto incrementan los niveles de **explotación** y **plusvalía relativa**.

Ejército Rojo (Rusia/U.R.S.S., 1918-1946): **Ejército** de los **obreros** y **campesinos** comunistas en el **poder**, creado por León **Trotsky** con el objetivo de defender a la **Revolución Rusa** del **Ejército Blanco**, contrarrevolucionario. También hubo ER en Hungría, **Alemania** y **China**. Con la aparición del **stalinismo** se convirtió en un ejército convencional, con una **organización** verticalista. La denominación ER fue reemplazada en 1946 por la de "Ejército Soviético".

El Capital (Karl Marx, 1867): La obra cumbre del fundador del **materialismo histórico**. En ella aparecen temas como la **acumulación originaria**, la diferencia entre **valor de cambio** y **valor de uso**, la **plusvalía**, el **fetichismo de la mercancía**, etc. Aunque sólo llegó a escribir una parte del plan original, EC sentó las bases de la **doctrina** económica **marxista**.

El Estado y la revolución (V. I. Lenin, 1917): Obra escrita por **Lenin** en las vísperas del triunfo de la **Revolución Rusa**. En ella, desarrolló las bases prácticas de la **dictadura del proletariado**, denunciando lo que entendía como el carácter fraudulento de la **democracia burguesa** y exponiendo las condiciones de la extinción del **Estado** y toda forma de opresión.

Empresario: Propietario de una **empresa**, cuyo objetivo es producir **bienes o servicios** para obtener una **ganancia**. Para los **neoclásicos**, el E es un **individuo** que organiza y administra la producción, innovando y asumiendo riesgos. En términos **marxistas**, **capitalista**, **burgués**, que tiene en **propiedad medios de producción** y emplea **trabajo asalariado** al que explota extrayéndole **plusvalía**, obteniendo una **ganancia** y acumulando **capital**.

En última instancia (marxismo): Expresión que hace referencia al hecho de que el elemento determinante de la **historia** son las **relaciones de producción**, la **estructura** económica –la "economía"-, pero sin que ello signifique que ese factor sea lo único que cuenta: las distintas partes de la **superestructura** (formas **políticas** de la **lucha de clases**, formas jurídicas, **teorías** políticas, religiosas, **leyes**, las **ideologías**, etc) también ejercen su influencia en las luchas históricas y muchas veces son preponderantes. En este sentido, el **marxismo** no es economicista, si por ello se entiende interpretar la economía como único factor explicativo. Sí se puede decir que utiliza un **método materialista**, apoyado en la historia: el **materialismo histórico**.

Enajenación: Ver **alienación**.

Engels, Friedrich (1820-1895): Filósofo y político alemán, el más importante colaborador de Karl **Marx**, con quien redactó el *Manifiesto del Partido Comunista* (1848) y *La ideología alemana* (1846), entre otras obras. Desarrolló el **materialismo histórico** y el **socialismo científico** y estableció las bases de la **dialéctica materialista**. Fue uno de los fundadores de la **Segunda Internacional**. Escribió también *La situación de la clase obrera en Inglaterra* (1845) y *El origen de la familia, de la propiedad privada y del Estado* (1884). También publicó el segundo y tercer tomos de *El Capital*, de Marx, tras la muerte de éste.

Entrismo: Táctica realizada por una **organización política** consistente en entrar a otra organización con el fin de cooptar **militantes** o ganar su dirección. El E fue considerado por los clásicos del **marxismo** como una táctica posible de los **partidos** revolucionarios en relación con partidos **obreros** **reformistas** (como el **laborismo** inglés).

Escuela Crítica (Alemania, 1923-1981): Corriente filosófica con elementos del **Psicoanálisis**, el **marxismo** y el **existencialismo**, también conocida como la "**Escuela de Frankfurt**". Surgida tras la derrota de la revolución **socialista** en Europa Occidental y el triunfo del **fascismo**, la EC estudia temas tales como la **ideología**, el **autoritarismo**, las luchas e intereses de las **clases sociales**, la influencia de los intereses económicos y políticos, la alienación del hombre moderno en el marco de la **sociedad** consumista e hipertecnológica, el papel de los **medios de comunicación de masas**, la **industria cultural**, la **falsa neutralidad** de la **ciencia**, entre otros. Fundada por Max

Horkheimer, entre sus representantes encontramos también a Theodor **Adorno**, Walter Benjamin, Herbert **Marcuse** y Jürgen **Habermas**.

Escuela de Frankfurt: Ver **Escuela Crítica**.

Escuela de la Regulación (Francia, década de 1970 →): Corriente económica francesa que –utilizando conceptos de diversas escuelas, entre ellas el **marxismo**- plantea la **regulación** jurídico-institucional de la **producción**, posibilitando el desarrollo de la **acumulación de capital**. Entre sus representantes se destaca Michel Aglietta, quien en 1976 escribió *Regulación y crisis del capitalismo*.

Espontaneísmo: Doctrina **política** que otorga importancia a la práctica espontánea, en desmedro de la **organización**. En particular, dícese de la postura que descree de la necesidad de organizar a una **clase** o **grupo** social detrás de un **partido político** y un **programa** estructurados.

Estado: La **Ciencia Política** actual define al E como a la **organización** que impone y obtiene acatamiento de la **población** valiéndose del **poder** o **coerción** y de la **autoridad** o **legitimidad**. Se plantea que el E es el ordenador de la **sociedad**, encargado de regular los conflictos sociales provocados por el choque de intereses, **valores** y **costumbres**. El E expresa -o pretende expresar- a la vez el interés general de la sociedad y el de un **grupo** dominante. Para los griegos (**Sócrates, Platón, Aristóteles**) el E es el lugar de lo público, la *Polis*. Puede decirse que en la **Edad Media** no existió el E: todas sus funciones típicas estaban repartidas entre la **Iglesia**, la **nobleza**, los caballeros y otros grupos privilegiados. Como plantea Heller, los orígenes del **E moderno** se ubican en las ciudades-repúblicas italianas del **Renacimiento**. Es allí donde se unificaron y concentraron en el E los ejércitos, la administración, las **leyes**, las atribuciones económicas y la obediencia general. Así, el pasaje al E moderno consistió en un **proceso** por el que los medios de administración y autoridad -que eran posesión privada- se convirtieron en propiedad **pública**, en favor del monarca absoluto primero y luego del E en sí: poder militar, justicia, administración, comunicaciones, **moneda**, **impuestos**, etc. Para **Maquiavelo**, *stato* es la organización **política** de un país. Para los **contractualistas** (Hobbes, Locke, Rousseau), el E es el resultado del **contrato social** entre los **individuos**. Para el **liberalismo**, el árbitro imparcial entre los individuos iguales. Para **Hegel**, el E es la superación dialéctica de lo particular y lo universal, la realización de la libertad humana. Para el **marxismo**, se trata de un instrumento de la **clase dominante** (propietaria) en la **producción** para oprimir a la mayoría. Es decir que, en oposición a las visiones liberales, cristianas y **contractualistas**, el E no es neutral sino una herramienta de opresión de clase. Para **Marx** y **Engels**, el E es un producto del desarrollo histórico asociado al surgimiento de la **división del trabajo**, el **excedente**, la **propiedad privada** y la consiguiente formación de **clases sociales** antagónicas. Su esencia es la existencia de una fuerza armada especial para que la **sociedad** produzca según la necesidad de la clase dominante, fuerza que aparece colocada por encima de la sociedad y se divorcia de ella cada vez más. Cada E que ha existido en la **historia** está determinado por el **modo de producción** del que surgió y es un instrumento de la clase dominante en ese modo de producción. Toda clase propietaria necesita de un cuerpo armado especial, **instituciones, leyes** e ideas para defender su privilegio. De todos modos, si bien todo E expresa el interés fundamental de la clase dominante también expresa, al menos parcialmente, intereses de las clases dominadas (como lo planteara **Gramsci** a partir de su **concepto** de **hegemonía**). Para **Weber**, el E es aquel instituto político de actividad ininterrumpida, donde su **cuadro administrativo** posee el **monopolio legítimo** del uso de la violencia física. Desde un punto de vista jurídico, la mayoría de los autores sostienen que el objetivo central del E es el **bien común**. **Kelsen** considera al E como la representación metafórica de la totalidad del orden jurídico. Jellinek, por su parte, plantea que los elementos constitutivos del E son la **población**, el **territorio** y el **poder**, aunque otros autores agregan el **gobierno** y el **derecho**. Según O´Donnell, el E no es sólo un conjunto de **aparatos** o **instituciones**, sino el conjunto de relaciones de **dominación** "política" que colaboran en la reproducción de determinada organización de las clases en una sociedad. Por su parte, Oscar Oszlak plantea que, para que exista un E, se necesitan ciertos requisitos a los que denomina "**atributos de la estatidad**" (ver). Hay diversas **teorías** sobre el origen del E: Wittfogel defiende la "hipótesis hidráulica": el control del agua y el riego otorgó gran poder a ciertos grupos sobre los agricultores, en lo que se conoció como "**despotismo oriental**" (y que Marx describió en el "**modo de producción asiático**"). Carneiro plantea la idea de "circunscripción social": el factor inicial sería la competencia por la **tierra** a partir del crecimiento de la población, lo que habría derivado sucesivamente en **guerras**, conquistas de territorios, los primeros jefes, las primeras unidades comunales y, al fin,

en la formación del E. Service distingue "niveles de integración socio-cultural": **banda, tribu**, jefatura y E. El jefe controla un determinado territorio y distribuye excedentes, asegurando la **cohesión** grupal y logrando movilizar a las **masas** como **fuerza de trabajo** o militar. Un E puede administrarse bajo diversas formas de **régimen político** y gobierno.

Estado ampliado: Noción que suele ser relacionada con los aportes que realizara A. **Gramsci** a la **teoría marxista del Estado**, especialmente en lo relativo a las definiciones de **coerción, consenso** y **hegemonía** (ver todas estas entradas).

Estado obrero: Estado gobernado por la **clase obrera** en el período de transición del **capitalismo** al **comunismo**. La característica central del EO es que su constitución misma tiende a debilitar al Estado y a hacerlo desaparecer en el largo plazo. En el EO desaparece el ejército permanente, que es reemplazado por el **pueblo** armado. Los funcionarios son elegidos pero son responsables ante **asambleas** en las que participa todo el pueblo y pueden ser inmediatamente revocables. La división entre **poderes** políticos típica de los Estados burgueses desaparece. Esta forma de **gobierno** fue denominada **dictadura del proletariado** porque en ella la clase obrera ejerce una represión sobre la **burguesía** a la cual le ha quitado los **medios de producción**. A medida que la burguesía va desapareciendo como una amenaza porque la **revolución** se va extendiendo a nivel mundial, no va siendo necesario que la población esté armada ni que se ejerza ningún tipo de dictadura, ya que los enemigos de la revolución van siendo derrotados. **Marx** planteaba que, sólo una vez vencida la resistencia de

la burguesía, el Estado comenzará a extin-
guirse: ya no habrá una **clase social** que
necesite de él para explotar a otras clases.
La **U.R.S.S.** fue en sus primeros años un
intento de desarrollo de un EO que abortó
con el surgimiento del **stalinismo**.

Estalinismo: Ver **stalinismo**.

Estructura (Karl Marx): Suma de las **relaciones de producción** en una **sociedad**, base
real o material sobre la cual se levanta una
superestructura legal y política, y a la que
corresponden determinadas formas de
conciencia social. En el *Prólogo a la contribución a la crítica de la economía política*
de 1859, Marx trató de explicar el funcionamiento de las sociedades con una **me-
táfora**, analizándolas como si formaran un
edificio. Los cimientos del edificio forman
la **base** o E, donde se dan todas las relaciones materiales de **producción** y **circulación** (lo que podemos llamar vulgarmente
"la economía"). Allí, la **clase** propietaria
explota el trabajo de la clase no propietaria. Sobre esos cimientos se construye la
superestructura, que abarca todas las relaciones no materiales: políticas, represivas,
institucionales, legales, ideológicas, culturales, artísticas, etc (en términos vulgares:
"la política", "lo jurídico" y "la ideología").
Observemos que el edificio se basa en una
visión materialista: según cómo los hombres producen y se relacionan, tendrán
determinadas ideas e **instituciones**. De
este modo, la clase que domina en la E,
usará la superestructura para garantizar el
mantenimiento de su **dominación**. Según
cómo los hombres se relacionen y produz-
can materialmente, crearán determinadas
instituciones políticas y jurídicas. Las leyes, las ideas, las instituciones políticas de
una época no son caprichosas, sino que
se desprenden del grado alcanzado por las
fuerzas productivas. Por ejemplo, una **ley**
de **contrato** de **trabajo** como las que noso-
tros conocemos, no tendría sentido en una
sociedad esclavista o **feudal**: sin **propiedad**
burguesa, sin **trabajo asalariado**, esa ley
no existiría.

Estructuralismo (1928 →): Modelo teórico
que se interesa por las totalidades organi-
zadas o **estructuras** –partes interrelacionadas que forman un todo- y por los aspectos
universales atemporales de la **conducta**
humana –en particular, del **lenguaje**-, sin
considerar los elementos históricos. A
diferencia del funcionalismo, el E no se
va a abocar al estudio de la red visible
de relaciones sociales, sino a la búsqueda de la **lógica** profunda que subyace en
los **sistemas** socio-culturales. El principal
representante y a su vez inspirador del E
antropológico fue Claude **Lévi-Strauss**. Los
antecedentes del pensamiento levistrauss-
siano se encuentran fundamentalmente
en la **lingüística** de **Saussure**, la **fonología**
de **Troubetzkoy** y **Jakobson**, el **formalismo
ruso** de Propp y las formulaciones del **Cír-
culo de Praga**. El contexto histórico-social
del E antropológico está marcado por la
finalización de la **Segunda Guerra Mundial**
y el **proceso** de **descolonización**, campo
fértil para esta **teoría** social cuyo objetivo
principal es el estudio de las estructuras
universales de la mente humana y de sus
fundamentos psico-lingüísticos. El punto
de partida del E se encuentra en lo siguiente: existe una lógica del pensamiento
humano que, basándose en las estructuras innatas de la mente, produce formas
universales. La lingüística va a convertirse
en una ciencia madre y la **Antropología** to-
mará como misión el estudio científico de
los productos culturales generados por las

operaciones del intelecto, ya que las operaciones mentales o las estructuras representan el **significado** real de la **cultura**. En la teoría de Lévi-Strauss encontramos tres conceptos centrales: la **invariancia universal**, las **oposiciones binarias** y las **reglas de transformaciones**. Esas tres nociones se nuclean en dos nociones claves: a) el concepto de **oposición**, donde lo verdaderamente significativo para definir relaciones entre elementos u objetos son las diferencias: el **sistema** de relaciones es a la vez, un sistema **semiológico** de oposiciones significativas y, b) el descubrimiento de las diferencias, es decir, de las relaciones y del sistema, descansa sobre el supuesto de la invariancia: las formas del **mito** o de las relaciones de **parentesco** descansan sobre un universal. En **Psicología**, el enfoque estructuralista surgió en oposición al **elementalismo asociacionista** de la **Psicología clásica** y el **conductismo** watsoniano. Aunque con características muy distintas, pertenecen al E las corrientes psicológicas de la *Gestalt* (aunque limita la totalidad a los fenómenos visibles), el **Psicoanálisis**, la **Psicología genética** y las ligadas al **marxismo** (**Vigotsky**, **Reich**, aunque sólo parcialmente ya que en éstos la **historia** es determinante). Las teorías de **Althusser**, **Lacan**, **Foucault**, **Barthes** y **Chomsky** pueden también incluirse dentro del E. Defendido como **método** para identificar y comprender relaciones ocultas o latentes, su carácter **a-histórico** y reproductor del orden vigente, junto con una negación de la autonomía del **sujeto** para transformar la **sociedad**, son las principales críticas que ha recibido esta corriente.

Eurocomunismo (Europa, 1972-1991): Línea **política** de los **partidos comunistas** de Europa y algunos otros países, distanciada de la política oficial del PCUS. El E postuló la vía electoral y parlamentaria para acceder al **poder**, abandonando la tesis **marxista** de la **dictadura del proletariado**. Planteó también la alianza de la **clase obrera** con sectores de la **burguesía nacional** oprimidos por el **capital monopólico**. Dirigentes principales: Enrico Berlinger (PCI), Georges Marchais (PCF) y Santiago Carrillo (PCE).

Europa del Este (1945-1991): Denominación de los **Estados** europeos con **economía planificada** aliados a la **U.R.S.S.** durante la **Guerra Fría**.

Explotación: Relación en la que una de las partes sale ganando a costa de la otra. **Marx** establece que la **E del hombre por el hombre** obedece a determinadas **relaciones de producción** de carácter histórico, basadas en la **división del trabajo**, la **propiedad privada de los medios de producción** y la formación de **clases sociales** antagónicas. En el capitalismo, la E se concreta en el **trabajo excedente**, aquella parte del **trabajo** que el **obrero** realiza en forma gratuita para el **capitalista**. Lo que el **marxismo** impugna no es el maltrato laboral o una **salario** bajo sino la relación social del **trabajo asalariado** en sí, considerando que el capitalista le roba al obrero: éste crea un **valor** y no recibe nada a cambio.

Explotación del hombre por el hombre (Karl Marx): Apropiación de los **productos** del **trabajo** ajeno. La EDHPH se da en las **sociedades** donde existen las condiciones materiales para que una **clase social** propietaria de **medios de producción** pueda explotar a una clase no propietaria: por ejemplo, **esclavismo**, **feudalismo**, **capitalismo**.

F

Falsa conciencia (Karl Marx): Situación de **dominación** a la que son sometidas las **clases** dominadas de una **sociedad**, producida por su adhesión a la **ideología** de la **clase dominante**, la cual presenta sus intereses de clase como si fueran los intereses de toda la sociedad. Por ejemplo, diversos análisis coinciden en que la FC fue decisiva para que los **trabajadores** de los países beligerantes en la **Primera Guerra Mundial** apoyaran la política **imperialista** de sus respectivas **burguesías** en nombre del **nacionalismo**. (Ver también **alienación**).

Fascismo (Italia, 1919 →): Ideología y movimiento político de **extrema derecha** creado por Benito **Mussolini**. Asustados por el conflicto social y el avance de los **trabajadores** y el **marxismo** (*Bienio rosso*, 1919-1920), la **burguesía industrial**, la **monarquía** de Víctor Manuel III, los **terratenientes**, la **Iglesia** y el **Ejército** italianos, entregaron el **poder** al F, con Mussolini a la cabeza (**Marcha sobre Roma**, 1922), con el objetivo de reestablecer el orden perdido. L. Incisa señala que algunas de las características comunes de los países en los que se consolidó el F son: predominio de una **economía agraria-latifundista**, proceso de **industrialización** forzada y tardía, aceleración del proceso de **movilidad social** (urbanización), falta de superación de **crisis** económicas, crisis de los **valores** morales tradicionales, crisis del **sistema** parlamentario, falta de solución a través de la **guerra** de problemas nacionales o coloniales, humillación nacional. Precisamente, apoyándose en las **clases medias** empobrecidas tras la **crisis económica** desatada con posterioridad a la finalización de la **Primera Guerra Mundial** (**Italia** estuvo en el bando vencedor pero obtuvo pocos beneficios), junto con ciertos sectores obreros, el **campesinado** del sur, jóvenes, veteranos de guerra e intelectuales frustrados, el F atacó a la **democracia** parlamentaria, a la que presentaba como la antesala del **comunismo** y el poder de los **obreros** -el peor de los males para los fascistas-. Para frenar la **conciencia de clase** de los obreros, el F planteó la idea de un interés estatal-nacional superior a las diferencias de **clase**, creando un **Estado totalitario** y **corporativo**, con un **grupo** gobernante aparentemente por encima del **capital** y el **trabajo**, con un **partido único** militarizado y un **líder** indiscutido a su cabeza. El F implementó una **política económica** con fuerte intervención estatal, con inversiones en obras **públicas** y protección de la **industria** nacional. La **ideología** del F es: **conservadora** (mantener el orden), irracionalista (desprecio de la razón y valoración de la acción), antiliberal, antidemocrática y antimarxista, elitista (*élites* elegidas para mandar), militarista (modelo de **sociedad**: Esparta o Roma), considera a la **Modernidad** como una etapa decadente, identifica al enemigo en los comunistas, especuladores, judíos y todos los que sean considerados "inferiores", es partidario del **racismo** y el expansionismo. Con la derrota italiana en la **Segunda Guerra Mundial** -Italia se alió con la **Alemania nazi** y con Japón- y el linchamiento público de Mussolini en 1945, el F entró en crisis, aunque surgieron en el mundo numerosos grupos fascistas o con elementos fascistas -como algunos **populismos** (peronismo, **varguismo**) y dictaduras latinoamericanas-, además de la formación de movimientos **neofascistas** a partir de la década de 1980. Para **Gramsci**, el surgimiento del F debe atribuirse a la derrota de la **revolución socialista** en Italia (el mencionado *Bienio rosso*). Con la salvedad de que se trata de movimientos muy heterogéneos, pueden ser calificados como fascistas el **falangismo** y el **franquismo** español, el salazarismo portugués, las cruces flechadas húngaras, entre otros. A pesar de los evidentes puntos de contacto, el **nazismo** alemán debería ser considerado como una categoría en sí mismo.

Fases de Kondratieff (Nikolai Kondratieff): **Ciclos económicos** de bonanza o penuria, o movimientos de larga duración que oscilan entre veinte y sesenta años. **Kondratieff** ha establecido como ejemplos de fases históricas las siguientes: 1792-1817: fase de alza o fase A, 1817-1851: fase de baja o fase B, 1851-1873: fase A, 1873-1896: fase B, 1896-1920: fase A, 1920-1939: fase B. Las FK se asocian al desarrollo de grandes innovaciones que marcan a una época. Así, tendríamos una fase que corresponde a la **Revolución Industrial** con la mecanización de la **industria** textil, la siderurgia y a la utilización del vapor como **energía**; una segunda, ligada al desarrollo de los **ferrocarriles**, y una tercera, vinculada a las industrias eléctrica, química y del automóvil.

Fetichismo de la mercancía (Karl Marx): **Fenómeno** del **modo de producción capitalista** que hace aparecer a los **productos** del **trabajo** humano como **mercancías** -o sea **valores**- de modo que el trabajo particular de cada **trabajador** se oculta entre las cosas, como trabajo humano indiferenciado. Según **Marx**, FM significa que las cosas, los productos del trabajo humano, son vistos como si tuvieran vida propia e independiente de quien las hizo con su trabajo, ocultando una relación social de **explotación** donde la **clase capitalista** vive sin trabajar acumulando **capital** en base al trabajo ajeno, al trabajo de la **clase** trabajadora. Es decir que el FM implicaría una **cosificación** de las **relaciones sociales de producción**: el ocultamiento de las relaciones entre los hombres detrás de la relación entre cosas.

Feudalismo (siglos V-XIV): Relaciones de producción dominantes en la mayor parte del **territorio** europeo, basadas en un juramento de fidelidad y dependencia entre un **señor** y un **vasallo** (relación de **vasallaje**) o un **siervo de la gleba** (en este último caso tenemos una relación de **servidumbre**), constituyendo una cadena de lealtades y obligaciones (un señor tenía vasallos y siervos, pero podía él también ser vasallo de otro señor más poderoso o de un **Rey**). El **campesino** era un productor directo propietario de los **medios de producción** (arados, hoces y animales de tiro) que trabajaba la **tierra** con su familia para subsistir, estando obligado a dar sustento a la **nobleza**, el **clero** y otros sectores que no trabajaban. El F surgió de las cenizas del Bajo **Imperio Romano**, cuando en el siglo III se desmembraron la **soberanía**, la **monarquía**, el **Estado** y las formas de **propiedad** que sostenían al **modo de producción esclavista**, lo que –junto con las invasiones bárbaras de **visigodos**, burgundios y **francos**– fueron generando una dispersión de los ejércitos, las **monedas** y demás atributos del **poder** político. Esta es la explicación de los autores "románicos", mientras que otra corriente –los "germánicos" – sostiene que la **propiedad** feudal deriva de las **comunidades** agrarias germánicas. En la última fase romana, surgió una forma de propiedad que fue reemplazando al **esclavismo**: el "colonato", por el cual cada lote de tierra tenía dos dueños, el propietario y el colono, que se debían prestaciones recíprocas. Esta sería una de las formas que llegaron hasta el F. La otra fuente de la propiedad feudal fue el "beneficio", tierra entregada –muchas veces, a falta de **dinero**– por un rey o líder militar bárbaro a sus soldados y demás colaboradores. El F tiene su origen en **sociedades agrícolas** donde los pequeños propietarios de tierras –sin protección de un Rey y con el fin de defenderse de ataques externos– solicitaron la protección de jefes guerreros, los cuales se convirtieron en señores. Así, en el F, el siervo o campesino forma una unidad indivisible con una pequeña parcela de tierra propia –el **feudo**– cedida por el señor feudal por la prestación de servicios, pero aquel se ve obligado a trabajar de manera gratuita para éste, al que le debe fidelidad, a cambio de la protección que éste le brinda en una relación de dependencia personal. Este trabajo es un **tributo** que el siervo paga debido a una **coacción** que el señor ejerce fundándose en su **poder** militar, económico y político sobre sus territorios o **jurisdicción**. El F se basa en la comunidad local, a pequeña escala, donde la **producción** se subordina a las necesidades de la comunidad –**economía de subsistencia**–. Conjuntamente con el feudo existen la **agricultura** comunal de campo abierto y la **producción** de géneros y servicios para su uso en aquel. La entrega de tributos impedía al siervo acumular y producir un **excedente** significativo. Otras características del F son: la ausencia de una autoridad central –el poder político se apoyaba en la propiedad de la tierra–, una **cultura** religiosa y tradicionalista y un orden social jerárquico e inamovible. Durante el F, la **Iglesia** era propietaria de la tercera parte de las tierras, pero además controlaba la **educación** y la **ideología**, siendo la única organización centralizada. Otras clases existentes en el

F eran los *cotarii* y los *bordarii*, clases inferiores sin **tierra** suficiente para trabajar por su cuenta. Según **Marx**, el F es un **sistema** de producción para el uso, del que no surge una necesidad ilimitada de **plustrabajo**. Uno de los impulsores más importantes del F fue el **Imperio Carolingio**. El F fue el **modo de producción** dominante –en Europa, en primer lugar, más algunos países como Japón a partir del siglo XII– durante toda la **Edad Media** (su **auge** se dio entre los siglos IX y XIV, con su punto culminante en los siglos XI-XII, momento de mayor debilidad de los reinos de Europa) aunque siguió habiendo formas feudales en diversos países al menos hasta el siglo XVIII. Desde el siglo IX en Europa se generalizó la servidumbre, por la cual los campesinos debieron dar una parte de su cosecha a cambio de protección (**censo**) o trabajar la tierra del señor en las épocas de cosecha o vendimia. También debían pagar en **moneda** o con productos (por ejemplo, reses) para casarse o para "heredar la condición servil". Su declinación está ligada, entre otras **causas**, al **desarrollo** del **campesinado** libre, de las artesanías y del **comercio** y de la división entre el campo y la ciudad, con el progreso de los transportes. Esto se expresó en un aumento de la **demanda** de **bienes** de **consumo** por parte de los señores feudales, y posteriormente con las migraciones a los **burgos** o ciudades y el aumento de la **población**. Con el surgimiento de las **monarquías absolutas** y la formación de los **Estados nacionales** –hacia el siglo XV–, el F entró en su fase de decadencia definitiva. Maurice Dobb establece como distintivo del F las siguientes características: a) instrumentos de producción muy sencillos, b) producción mayoritariamente individual –por tratarse de una etapa atrasada de la **división del trabajo**–, c) la producción satisface las necesidades del **grupo** familiar o de la aldea pero, d) no hay un "**mercado**", e) se cultivan las tierras del señor feudal como prestación obligatoria, f) descentralización política (feudos autónomos) y funciones judiciales respecto de la población por parte del señor.

Feuerbach, Ludwig (1804-1872): Filósofo **materialista** alemán, proveniente de la **izquierda hegeliana**. Crítico de la **religión** y el **racionalismo**, rompió con el **idealismo de Hegel**, cuestionando los "espíritus" de los que éste hablaba. Afirmó que la verdadera libertad y madurez humanas surgen de la ruptura con Dios. Sin embargo, fue criticado por **Marx** por negar las contradicciones materiales sociales y el énfasis en los cambios (**dialéctica**). Entre sus obras principales encontramos a: *Crítica de la filosofía hegeliana* (1839).

Filosofía de la praxis (Antonio Gramsci): Expresión que usa este autor para definir al **marxismo**, la **filosofía** que pretende no sólo interpretar al mundo (como el **materialismo** y el **idealismo burgueses**) sino transformarlo. Expresa la unidad indivisible entre la **teoría** (el *Homo Sapiens*, el hombre que piensa) y la práctica (el *homo faber*, el *homo* que hace). La FP se opone a la filosofía del **sentido común**, la filosofía popular pero no porque la desprecie sino porque toma de ésta los elementos más progresivos para desarrollarlos, combatiendo al mismo tiempo los prejuicios arraigados por una **educación** controlada por la **clase dominante**. La FP busca hacer consciente la filosofía popular, es decir, llegar a que la **clase obrera** y los explotados en su conjunto tengan **conciencia de clase** (la "**clase para sí**" de **Marx**) y se organicen políticamente para derrocar al **capitalismo**.

Foquismo: Teoría que plantea la toma del **poder** a partir del foco revolucionario, formado por grupos armados, dispersos en un **territorio** y que actúan como **guerrilla** irregular intentando desorientar al **ejército** oficial. El F se desarrolló especialmente con el triunfo de la **Revolución Cubana**. Dentro del F podemos distinguir dos tendencias: a) la que considera al **foco guerrillero** como un aspecto que se complementa con el **trabajo** entre las **masas campesinas** y **obreras** y, b) la que plantea el reemplazo de ese trabajo de persuasión y penetración por un grupo de vanguardia que, saltando etapas, acelera los **procesos** con el fin de tomar el poder y, desde allí, ligarse a las masas.

Fordismo (Henry Ford, 1913-1974): Modelo de organización del **trabajo** industrial diseñado por Henry Ford, basado en el **taylorismo**, pero al que se le sumó un mayor fraccionamiento de las tareas y una **cadena de montaje** o **cinta transportadora** que disminuyó los movimientos de traslado de un **obrero** para trabajar sobre las piezas del montaje, incrementando los ritmos de trabajo. Son rasgos característicos del F la vinculación entre la **producción** y el **consumo**, la producción semi-automática sobre una cinta transportadora, la producción **estandarizada** y masiva de **bienes** de consumo (**producción en serie**), la caída en el **precio** de las **mercancías**, la profundización de la **división del trabajo**, la intensidad del mismo y la mecanización, el aumento de la separación entre **trabajo manual** e **intelectual**, la disminución de los **tiempos muertos**, el tiempo de traslado y manejo de las piezas, el **sistema** de **salarios** de u$s 5 por día (*five dollars day*). El salto tecnológico y productivo fue espectacular: si en 1913 un auto (el primero fue el Ford T) se fabricaba en doce horas, en 1914 se

hará sólo en una hora y media y su **precio** bajará haciéndolo accesible a un **público** más amplio. Su apogeo se dio en **EE.UU.** y Europa Occidental a través del fomento de la **demanda**, la **política fiscal** y la negociación colectiva. Holloway afirma que el pacto de paz del F se basaba en la fórmula "trabajo aburrido, repetitivo y no calificado, a cambio de altos salarios". La rutina alienante y la degradación general de las condiciones de trabajo provocaron diversas enfermedades físicas y psíquicas entre los trabajadores, en lo que se dio en llamar *forditis*. A. **Gramsci** destacó que el F no era sólo una innovación de los **procesos** de trabajo sino una estrategia de creación de un nuevo **sujeto** social funcional a la maquinaria de producción capitalista: el "**gorila amaestrado**". Ello explicaría por qué el F no sólo controlaba a los obreros en la fábrica –por ejemplo, prohibiendo **huelgas** y debilitando a los **sindicatos**-, sino también en su vida privada, planteando la moderación en el sexo, la **monogamia**, el **puritanismo moral** y pautas de **conducta** para la **vida cotidiana**. En este marco, Gramsci sostuvo que la **Ley Seca** implementada en **EE.UU.** en la década de 1920 tenía el objetivo de adaptar por completo a la clase obrera a la producción capitalista: el obrero debía ahorrar **energía** para producir **plusvalía**. Más recientemente, la llamada Escuela de la Regulación definió al F como un régimen de **acumulación** intensiva basado en la existencia de un "circulo virtuoso" que vinculaba aumentos de **productividad** a crecimientos del salario. Sus primeros síntomas de agotamiento se dieron hacia fines de la década de 1960, cuando cayó la tasa de productividad, se redujeron las **ganancias**, llagaron a un techo las innovaciones tecnológicas implementadas y crecieron los conflictos laborales. La **crisis del petróleo** en 1973 mostró la vulnerabilidad del modelo y lo llevó a su definitiva **crisis**.

Formación económico-social: Ver **formación social**.

Formación social: Estudio de la combinación histórico-concreta de los modos de producción que coexisten en una **estructura social**, entre los que uno es el elemento dominante y el resto son los residuos de épocas anteriores. Por ejemplo, en el modo de producción **capitalista** actual encontramos residuos del **modo de producción** artesanal. Algunos autores ven a la FES como al conjunto social que agrupa el modo de producción, las **relaciones de producción**, las **fuerzas productivas** y las diversas partes de la **superestructura** –política, ideológica, cultural, etc-.

Fórmula general del capital (Karl Marx): Se trata del esquema básico de la **economía** bajo el **capitalismo**. D-M-D´ (**dinero**-**mercancía**-dinero más **plusvalía**), donde D representa al **capital constante** y al **capital variable** adelantados por el **capitalista**, M es la mercancía producida y D´ es el dinero más un plus de **valor** o plusvalía generado en el **proceso de producción** por la mercancía **fuerza de trabajo**. El **beneficio** capitalista surge de restar D´ menos D.

Fracciones de clase: Subdivisiones dentro de una **clase social**. Por ejemplo, la **burguesía** puede dividirse en **burguesía rural**, **burguesía industrial**, **burguesía comercial** y **burguesía financiera**. A su vez, al interior de una FC podemos encontrar subgrupos: por ejemplo, en la burguesía industrial existen los grandes industriales y las **fábricas** medianas.

Frente Amplio (Uruguay, 1971 →): Alianza de **partidos de izquierda** y **centroizquierda**. Con predominio inicial de posturas **marxistas**, el FA fue moderando sus posturas, sumando grupos de los partidos tradicionales. Luego de varios intentos, en 2004 alcanzó la presidencia en las **elecciones**, con la candidatura de Tabaré Vázquez, quien planteó un **gobierno** sin grandes transformaciones sociales y bien visto por los intereses empresariales.

Frente popular (1934-1945): Táctica **política** implementada a instancias de la **Tercera Internacional** por los partidos comunistas con el fin de combatir el avance del **fascismo**. Dejando en un segundo plano el propósito de una **revolución socialista** y enfatizando la defensa de la **democracia capitalista**, el FP es un frente de **conciliación de clases** (lo que diferencia al FP del **frente único**) entre la **clase obrera** –comunistas, socialistas y **socialdemócratas**– y el sector **republicano**, liberal y democrático de la **burguesía**. Surgido en **España** –donde el **gobierno** del FP fue un factor determinante en el desencadenamiento de la **Guerra Civil Española**– e implementado en **Francia**, se extendió por el mundo en el marco de la **Segunda Guerra Mundial**, promovido por J. **Stalin**. En **Chile**, la experiencia del FP –la **Unidad Popular** que llevó al **poder** a S. **Allende**– finalizó trágicamente.

Frente Sandinista de Liberación Nacional (Nicaragua, 1961 →): Organización política y **guerrillera** de orientación **nacionalista** y antiimperialista, fundada por Carlos Fonseca, Tomás Borge y Silvio Mayorga. Revindicando la lucha de A. **Sandino**, el FSLN luchó contra la penetración norteamericana en el país, la **oligarquía** nacional y la **dictadura** de A. **Somoza**. En 1979, el FSLN derrocó a Somoza y tomó el **poder**, implementando algunas medidas importantes, como la **reforma agraria**, la **nacionalización** de la **banca** y el **comercio** y una masiva alfabetización. La contrarrevolución apoyada por **EE.UU.** –los "**contras**"– inició una **guerra civil** que, sin embargo, no llevó a los **sandinistas** a profundizar las transformaciones sociales sino a establecer una **economía mixta**, de carácter **capitalista**. En 1984 el FSLN convocó a **elecciones**, donde triunfó ampliamente su candidato, Daniel Ortega. Sin embargo, la **revolución sandinista** (ver) mantuvo la legalidad y la institucionalidad **burguesas**, permitiendo la reorganización de los sectores propietarios, que retomaron el poder en 1990 colocando a Violeta Chamorro en la presidencia.

Frente único: Estrategia y táctica que plantea la unidad de todas las corrientes **políticas obreras** (lo que diferencia al FU del **frente popular**, que agrupa a otras clases y **fracciones**, incluidas las de la **burguesía**) para enfrentar a un enemigo común. Por ejemplo, el III Congreso de la **Internacional Comunista** (Tercera Internacional) de 1921 planteó el FU de **comunistas**, **socialistas**, **anarquistas** y otras tendencias contra el **fascismo** y el **capitalismo**.

Fuerza de trabajo: Conjunto de facultades físicas, mentales y de **energía** humana dispuesto para la **producción** de riqueza. Para la **economía** ortodoxa, la FT es la parte de la **población** en condiciones de producir, formada por aquellos en edad de trabajar. Incluye a ocupados y desocupados y también se le llama **población activa**. Para el **marxismo**, en la sociedad **capitalista** la FT es una **mercancía** que presenta la peculiaridad de crear un **valor** mayor (**plusvalía**) al que ella misma posee (y cuyo **precio** es el salario). El valor de la FT está determinado (al igual que cualquier otra mercancía) por la cantidad de **bienes** necesarios para su subsistencia y reproducción (alimentación, vestimenta, **educación**, etc).

Fuerzas productivas: Suma de los recursos productivos capaces de producir **valor** con los que cuenta una **sociedad**. Son FP la **fuerza de trabajo**, los **medios de producción**, la **técnica** y los instrumentos de **trabajo**. Las FP expresan la relación del hombre con la naturaleza y abarcan también las condiciones naturales, la **división del trabajo social**, así como el territorio y la **población**. La articulación de las FP con las **relaciones de producción** –el régimen de **propiedad** y la **estructura** de **clases** de una **sociedad**- forman la base de un **modo de producción**. Cuando **Marx** habla del "desarrollo de las FP", esto significa que el hombre logra dar un paso en su dominio sobre la naturaleza, que le permite producir más, en menos tiempo, con menor esfuerzo y mejor calidad. Por ejemplo, usar una piedra para golpear, una **técnica** nueva para sembrar, la aparición del tractor, la máquina de vapor, la computación, son todos ejemplos del desarrollo –en distintas épocas- de las FP.

G

Ganancia: Diferencia entre el **dinero** inicial invertido por un **capitalista** y el dinero final obtenido tras el proceso de **producción**, **distribución** y **consumo** de **mercancías**. También puede definirse como el **valor de venta** del **producto** menos los **gastos de insumos**, pagos a **factores** y **depreciación**, de donde resulta la retribución al factor

empresa. Mientras que la **economía clásica** la considera legítima (se argumenta que el propietario del **capital** asume iniciativa y riesgo), el **marxismo** sostiene que la G se basa en la **explotación** del **trabajo** ajeno a través de la apropiación de la **plusvalía** creada por éste por parte del capitalista. La G, entonces, no proviene del capital (la maquinaria y las **materias primas** sólo reproducen su valor en el valor final del producto) ni de la venta (porque si así fuera las mercancías no se venderían a su valor sino a uno superior) sino del *nuevo* valor no pagado creado por el trabajo durante el **proceso** de producción (**trabajo excedente**).

Ganancia extraordinaria: Ganancia obtenida por un **empresario** cuando produce por debajo del **costo de producción** de otros empresarios. También hay GE si el **precio de mercado** es mayor que el **precio de producción**. El monopolio y el oligopolio son ejemplos de situaciones en las que las **empresas** obtienen una GE.

Glasnost (U.R.S.S., 1987-1991): Término ruso que significa "transparencia informativa" o "apertura" y que refiere a la **política** implementada por Mijail Gorbachov en cuanto a un intento de enfrentar la **corrupción** estatal y promover la libertad de expresión. Junto con la *perestroika*, la G fue clave en la caída de la **Unión Soviética** y en la restauración del **capitalismo** en el país, **proceso** que se aceleró tras un **golpe de Estado** en 1991.

Globalización (1980 ): Según algunos autores como B. Coriat, la G es la etapa productiva que se caracteriza por la extensión constante del **mercado** mundial, expresada en la expansión territorial creciente y en la transformación ascendente de las actividades productivas. Desde una posición **marxista**, J. Hirsch ha sostenido que la G es una forma de la **lucha de clases**, donde las **empresas transnacionales** explotan a su antojo en cualquier parte del mundo a la **población**, gracias a **tecnologías** que les permiten realizar esto. Mientras que una parte de los autores sostiene que la G es un fenómeno absolutamente incomparable con experiencias del pasado, otros afirman que se trata de un mito y que la mayoría de sus rasgos existen desde hace mucho tiempo. Características de la G: a) una creciente internacionalización comercial y productiva que se manifiesta en el **auge** de los intercambios de **bienes** e inversiones en el extranjero, b) la intensificación del **proceso** **de mundialización** de la economía con la aparición de empresas y redes empresarias estrictamente transnacionales, sin una ubicación nacional predominante, que desarrollan un **mercado**, una financiación y una gestión de decisiones a nivel planetario, c) la exacerbación de la **competencia** internacional, intensificada por las rivalidades entre los vértices de una tríada económica (**Estados Unidos**, **Japón** y Europa Occidental), d) la reestructuración cada vez más rápida de los aparatos productivos, como consecuencia de la aparición de nuevas **técnicas** y del repliegue industrial a escala mundial y, e) la reducción de la capacidad reguladora de los **Estados nacionales**. También son propias de esta etapa la **desregulación**, la regionalización y el fin de la **hegemonía** del **modelo** norteamericano de organización de empresas (modificaciones en el proceso de trabajo, paso del **fordismo** al **toyotismo**). Otro rasgo importante es el proceso de crecimiento inmenso de la **especulación financiera** (en la última década el 85 % de las transacciones financieras es de naturaleza especulativa, sin vínculo al-

guno con la actividad productiva). La G es considerada como la etapa posterior a la **internacionalización** y a la mundialización.

Gobierno: El término proviene de la palabra griega *kybernao*, "dirigir el timón". Cabeza de la administración **política** del **Estado**. Así, el G es el timonel de la nave, la **función** identificadora de la actividad política, su núcleo. La función principal del G es adoptar decisiones políticas, obligatorias para toda la **sociedad** bajo amenaza del uso de la violencia estatal física, legítima y monopólica. Desde este punto de vista, el G es el que decide y la **burocracia** o administración es la que ejecuta. Para una visión **funcionalista**, el G incluye a las **estructuras** de toma de decisión, lo que implica incluir a los poderes ejecutivo y legislativo. Es el G "en sentido amplio", de aquellos a los que se les confía el ejercicio, administración y control del **poder** político. Desde esta postura, **Poder Ejecutivo, Parlamento**, jueces y hasta burocracia forman parte del G. En otra visión, hay un órgano especial de toma de decisiones: el Poder Ejecutivo, el "G en sentido estricto". Para Urbani, el G implica un conjunto de **instituciones**, mientras que para Easton es un conjunto de conductas interrelacionadas y para Morlino es una parte del **régimen político**. El **marxismo** ve al G como al conjunto del personal político-estatal que expresa los intereses de la **clase dominante** y cuya función es garantizar las condiciones generales que permitan a esta clase seguir dominando en las **relaciones de producción** existentes, esto independientemente de la manera en que ese G haya accedido al poder. Así, en el G están los que detentan el poder político, siendo el régimen político el modo en que se accede y se conserva el G y el Estado el poder político en sí mismo.

Godelier, Maurice (1934 →): Antropólogo francés, se especializó en el estudio de las economías no **capitalistas**, bajo la influencia del **marxismo estructuralista**. Entre sus obras principales encontramos a: *Racionalidad e irracionalidad en Economía* (1966).

Gorbachov, Mijail Sergueievich (1931 →): Político y abogado ruso, último Secretario General del **PCUS**, designado en 1985 en reemplazo de K. Chernenko. Durante su mandato impulsó reformas (la *perestroika* y la *glasnost*), sentando las bases de la desaparición de la **U.R.S.S.** y la transición al **capitalismo** en la región. Fue desalojado del **gobierno** por Boris Yeltsin.

***Gosplan* (U.R.S.S., 1921-1991):** Comisión de Planificación del **Estado**, organismo encargado de dirigir la **economía** soviética, en particular durante el **gobierno de Stalin**.

***GPU* (U.R.S.S., 1922-1954):** Sigla de la policía secreta soviética. En 1954 pasó a denominarse *KGB*.

Gramsci, Antonio (1891-1937): Político y teórico marxista italiano, fundador del **Partido Comunista de Italia** y uno de los renovadores más importantes del **marxismo**. Se propuso adaptar el pensamiento leninista a las condiciones específicas de **Italia**, país dividido entre el norte industrial desarrollado y el sur agrario atrasado. Los **obreros** industriales del norte (especialmente los de la Fiat de Turín, los que organizaron el *bienio rosso* de los consejos de **fábrica**, organismos de **doble poder** equivalentes a los *soviets* rusos) debían guiar política e ideológicamente a los **campesinos** del sur hacia la **revolución**. En este sentido, la tarea central del partido revolucionario –el **"príncipe moderno"**- consiste en concienti-

zar a las **masas** para cambiar la **estructura** económica capitalista, eliminando la **falsa conciencia** impuesta por **burguesía** y creando una nueva **hegemonía** –una **contrahegemonía**-, con la **clase obrera** a la cabeza de las clases subordinadas (los **campesinos**, los sectores medios, etc), concepto que ya había utilizado **Lenin**. Una revalorización del papel de la **política**, la **cultura** y la **ideología** –aquella **superestructura** subestimada por el **economicismo** y el **marxismo vulgar**- son pilares de la visión gramsciana. La **dominación** capitalista se da en G a través de dos vías: la **coerción**, encarnada en la violencia del **Estado** o **sociedad política** (el aspecto subestimado por el **reformismo**) y el **consenso**, a través de la **ideología** difundida en la **sociedad civil** –el conjunto de **instituciones** que se dedican a la **socialización**, como la **Iglesia**, los **medios de comunicación**, la escuela, etc-. El resquebrajamiento de esa dominación se manifiesta en una **crisis de hegemonía** o **crisis orgánica**, momento propicio para la lucha por transformaciones sociales y una **reforma intelectual y moral**. En 1926 G fue encarcelado por el **fascismo**, escribiendo en prisión los *Cuadernos de la cárcel*, muriendo poco después de salir en libertad. Ignoradas o censuradas por el **stalinismo**, la **teoría** gramsciana ha sido leída especialmente en clave **socialdemócrata**, presentando a un G **reformista** y contraponiéndolo con el marxismo de raíz leninista. Así, según esa visión (por ejemplo, Juan C. Portantiero) G habría renegado de la necesidad de la toma del **poder** por parte del **proletariado** a través de una revolución contra el **capitalismo** y su Estado y su teoría se orientaría más hacia aspectos culturales no incompatibles con el régimen **burgués**. La caída del stalinismo en la **U.R.S.S.** ha permitido una revalorización del pensamiento de G desde el campo del marxismo, por ejemplo desde algunos sectores del **trotskismo**.

Gran Depresión (1873-1896): Crisis económica producida en el marco de la **Segunda Revolución Industrial**. Los avances tecnológicos de esa revolución aceleraron y aumentaron la producción de **bienes**. Había, por lo tanto, demasiados **capitalistas** fabricando los mismos productos, lo que provocó una baja en el **precio** de los bienes y con ello las **ganancias** y la **inversión**. Esto desató un pánico **financiero** en Viena y New York que se extendió rápidamente por la mayoría de las naciones industrializadas. La **economía** entró en una fase de **depresión** que duró más de veinte años y provocó el retorno del **proteccionismo**, el neomercantilismo y la intervención estatal. La GD determinó el comienzo de la **"era del imperialismo"** y el fin del liderazgo indiscutido de **Inglaterra** en la economía mundial, con la aparición de **Alemania** y **EE.UU.** como serios competidores. También generó en Europa las condiciones del surgimiento de **partidos obreros marxistas**.

Gran Guerra: Denominación que recibe la Primera Guerra Mundial.

Gran Guerra Patria (U.R.S.S., 22-6-1941 / 14-1-1944): Denominación dada por los soviéticos a la resistencia contra la invasión **nazi** del **territorio** de la U.R.S.S., en la **Segunda Guerra Mundial**. La victoria soviética fue fundamental para el triunfo de los **Aliados**.

Gran industria automática (Karl Marx, siglos XVIII-XX): Tercer estadio de la **producción capitalista**, la **industria moderna**, basada en el reemplazo de la herramienta y la habilidad del **obrero** por la máquina. Si la **cooperación simple** implicaba el uso de herramientas de la misma clase y la **manufactura** se basaba en la combinación de herramientas de distinta clase, la GIA representó a la máquina ejecutando sin la ayuda del hombre todos los movimientos necesarios para elaborar la **materia prima** (aunque el hombre la vigile e intervenga de vez en cuando). Así, tenemos un **sistema** automático de maquinaria cuando la producción se divide en fases, todas conectadas a través de máquinas, logrando continuidad y reducción de las interrupciones. La máquina-herramienta –el conjunto de herramientas articuladas entre sí- reemplaza al obrero que opera con su herramienta, aumentando enormemente la **división del trabajo** por el desarrollo de la **producción en serie**, como fue el caso de la industria automotriz en el siglo XX (que, por supuesto, Marx no alcanzó a conocer). Surge así la **fábrica**, es decir, el **sistema** de producción que adapta el **trabajo** humano a la máquina. Para ello es necesaria la apropiación de los conocimientos científicos en manos del **capital**. En la GIA, los **obreros** pierden sus oficios y pasan a ser simples auxiliares de las máquinas, que determinan las formas y ritmos de **trabajo**, con una subordinación y una degradación aún mayores que bajo la manufactura. En el sistema de la GIA, según **Marx**, la distribución de obreros entre los trabajos ya no dependía de sus habilidades específicas, como en la manufactura, puesto que ahora sólo era necesario desarrollar una capacidad general, la de entender máquinas. Lo que se requería era un **conocimiento científico**-práctico, accesible a cualquiera (incluidos mujeres y niños) con un poco de **educación**, y no una habilidad manual muy larga de adquirir y difícil de readaptar a otra **función**. En vez de estar atado de por vida a una herramienta, con la GIA el obrero queda encadenado a una máquina repitiendo continuamente una tarea parcial. Así, se consuma su sujeción a la fábrica y a su dueño, el **capitalista**. El objetivo central de la GIA, por ende, fue el de aumentar la **plusvalía** al reducir la parte de la jornada de trabajo que el obrero necesita para sí (**trabajo necesario**) y alargar el **trabajo excedente**. Así, el desarrollo de máquinas que no requerían gran esfuerzo de manejo permitió prolongar el día laboral (**plusvalía absoluta**) y aumentar la **productividad** del trabajo produciendo más **mercancías** en igual cantidad de tiempo (**plusvalía relativa**).

Gran salto adelante (China, 1958-1959): Período en que la **Revolución China** encabezada por **Mao Tsé Tung** privilegió el **desarrollo** del campo y una mayor participación de los **campesinos**, con el fin de modernizar al país. El GSA fracasó rápidamente, entre otros factores por una serie de malas **cosechas** y el retiro del apoyo técnico por parte de la **U.R.S.S.**

***Granma* (Cuba, 30-11-1956):** Nombre de la pequeña embarcación usada por Fidel **Castro** y el **Che Guevara** a fines de 1956 para desembarcar en **Cuba** provenientes de **México**, con el fin de derrocar al dictador F. **Batista**. Aunque el movimiento fracasó, el nombre fue rescatado luego por la **Revolución Cubana**, convirtiéndose en diario oficial.

Guantánamo (Cuba, 1903 →): Base militar norteamericana de ciento veinte kilómetros cuadrados ubicada en el este del territorio de la isla de **Cuba**, zona estratégicamente situada cerca de la separación entre el Océano Atlántico y el Mar Caribe y en línea recta con el Canal de Panamá. La base de G se estableció junto con la **Enmienda Platt** y

continúa hasta la actualidad a pesar de las protestas del **gobierno** cubano.

Guerra civil: Lucha armada entre **clases sociales** u otros **grupos** por la disputa del **poder** del **Estado**.

Guerra Civil Española (España, 18-7-1936 / 28-3-1939): Enfrentamiento militar entre los **republicanos** (burguesía liberal, comunistas y socialistas) y los franquistas (terratenientes, oficialidad del **Ejército**, **Iglesia Católica**, gran **capital**, grupos monárquicos). La **Crisis del 30** había provocado un regreso masivo de **inmigrantes**, caída de **exportaciones** y de la **producción** y **desempleo**. En ese contexto, los republicanos ganaron las **elecciones** de 1931 e impulsaron una **Constitución** social con algunos cambios moderados (separación de la Iglesia del **Estado**, divorcio, **voto** femenino, **expropiaciones**, **reforma agraria**, etc), que a los ojos de los sectores dominantes tradicionales constituían la antesala de la **revolución socialista**. Hacia 1934, las presiones de los sectores republicanos más moderados llevaron al **gobierno** a abandonar las medidas más **radicales** y a reprimir a los **sindicatos** y socialistas y comunistas, lo que provocó que éstos se alzaran en armas. Para las elecciones de 1936 se formó el **Frente Popular**, agrupamiento de partidos de la **izquierda obrera** (Partido Comunista, Partido Socialista y otros) y la izquierda burguesa (republicanos progresistas). A éste se le opuso el **bloque conservador** encolumnado en la **Falange Española**. La izquierda triunfó, lo que provocó la rebelión de las **clases** dominantes, desatando la GCE. Apoyado por **Mussolini** y por **Hitler**, el General F. **Franco** se puso a la cabeza de los **fascistas** y los republicanos recibieron el apoyo de **Brigadas Internacionales** (unos cuarenta mil combatientes llegados de todas partes del mundo, la mayoría socialistas, comunistas y anarquistas) y de la **U.R.S.S.** Las zonas más industrializadas, donde la **clase obrera** era fuerte, resistieron la invasión bajo la consigna de "**no pasarán**". La GCE finalizó en 1939 con el triunfo de los fascistas y con un saldo de setecientos mil muertos. Se abría un período de persecución, **represión** y ejecuciones para los sectores obreros y de izquierda de **España**, con centenares de miles de muertos. La finalización de la GCE dio paso, casi inmediatamente, al inicio en Europa de la **Segunda Guerra Mundial**.

Guerra de Corea (Corea del Norte vs Corea del Sur, 8-6-1950 / 27-7-1953): Primer enfrentamiento de la **Guerra Fría**, consecuencia de la **Conferencia de Postdam**. La GC se inició con la invasión de Corea del Sur –alineada con **EE.UU.**- por parte de Corea del Norte –prosoviética, con el apoyo de **China**-. EE.UU., con el respaldo de la **ONU**, invadió este país. El final de la **guerra** determinó el mantenimiento de la existencia de los dos **Estados**, divididos por el **paralelo 38**. Murieron más de dos millones de soldados y unos seis millones de civiles.

Guerra de guerrillas: Combate militar por parte de un ejército irregular. Entre otros, implementaron la GG los **campesinos** españoles que lucharon contra **Napoleón**, los **partisanos** yugoslavos e italianos, el **maoísmo en China**, el **castrismo en Cuba**, el *Vietcong*, la OLP, el **sandinismo**, el nacionalismo irlandés y el **zapatismo**, contando en la mayoría de los casos con apoyo de la **población** civil y de potencias extranjeras. La GG se asienta en zonas de difícil acceso para los ejércitos regulares –montañosas o boscosas- y aplica estrategias de desgaste, con atentados y sabotajes sorpresivos.

Guerra de maniobras: Ver **guerra de movimientos**.

Guerra de movimientos (Antonio Gramsci): También llamada **guerra de maniobras**, la GM es una estrategia guerrera de ataque frontal y fulminante contra el enemigo. **Gramsci** utiliza el concepto –extraído de la **Primera Guerra Mundial**- para analizar la estrategia **política** de las **clases sociales**- donde lo militar es un momento pero no lo es todo-. En ese sentido, la GM es viable en situaciones en que la **sociedad civil** –lugar del dominio ideológico por excelencia de la **burguesía**- es débil, "gelatinosa", y por lo tanto la **clase obrera** puede planificar más o menos directamente el asalto al **poder** del **Estado** –ya que no se va a encontrar con grandes resistencias-, tal como sucediera en la **Revolución Rusa**. Opuesto: **guerra de posiciones**.

Guerra de posiciones (Antonio Gramsci): Ataque sobre el enemigo que se realiza en forma progresiva, en varios momentos y avanzando posición tras posición. **Gramsci** piensa a la GP –concepto surgido de la **Primera Guerra Mundial**- como una estrategia **política** revolucionaria para el **Occidente capitalista** –**Francia**, **Italia**, etc-, donde la **sociedad civil** –el lugar donde la **burguesía** afianza su **hegemonía**- es fuerte, es decir, donde un asalto directo al **poder** estatal fracasaría, ya que la **ideología** burguesa cuenta con mecanismos de defensa mucho más sólidos. En ese tipo de **sociedades**, Gramsci –y también **Lenin**- pensaba que el **partido** revolucionario de la **clase obrera** debía tener una estrategia más paciente, estando agazapado y preparando las condiciones **objetivas** y **subjetivas** para la revolución. También llamada **guerra de trincheras**. Opuesto: **guerra de movimientos**.

Guerra de trincheras: Ver **guerra de posiciones.**

Guerra de Vietnam (Vietnam del Norte vs Vietnam del Sur, 7-2-1965 / 30-4-1975): Enfrentamiento entre las dos zonas en que quedó dividida Indochina tras el fin de la **guerra** de independencia en 1955, cuando las tropas francesas abandonaron el **territorio.** Vietnam del Norte –con un **gobierno** prosoviético- planteó la unificación del país en términos de una lucha antiimperialista contra **EE.UU.** cuyo gobierno -encabezado por John F. **Kennedy** desde 1960- apoyó a la **dictadura** de Vietnam del Sur –ya con L. Johnson en la presidencia- invadió el norte según lo planteado por la **Doctrina Truman.** Contra un rápido triunfo esperado por los norteamericanos, el *Vietcong* resistió duramente los bombardeos –que incluían a la **población** civil- y terminó derrotando a las tropas invasoras. En tiempos de la presidencia de R. **Nixon,** EE.UU. comenzó a retirarse de la zona. En este desenlace fue muy importante la movilización de millones de jóvenes –destacándose el movimiento *hippie-* y **trabajadores** estadounidenses contra la **guerra.** El país se reunificó como **República Socialista** de Vietnam el 2 de julio de 1976. El resultado de la guerra: más de tres millones de vietnamitas muertos y más de dos millones de heridos.

Guerra Fría (bloque occidental vs bloque soviético, 2-9-1945 / 3-12-1989): Enfrentamiento entre las dos superpotencias - EE.UU. y la U.R.S.S.- que no llegaba al terreno militar directo sino que implicaba una competencia global por la influencia política, ideológica, económica, armamentista, tecnológica, etc. A su vez, implicaba el desarrollo de guerras parciales entre terceros países –siendo la primera de ellas la **Guerra**

de **Corea** en 1950-, sin la intervención directa de las superpotencias. La GF significó cuarenta años de preparación constante entre las grandes potencias para una guerra que podía estallar en cualquier momento. Luego de la **Crisis del 30** y las dos guerras mundiales, una Europa destruida y con una población con altos niveles de **desocupación** y pobreza, y una U.R.S.S. muy prestigiada constituyeron el terreno propicio para la extensión del **comunismo** –aunque deformado por su versión **stalinista-** como tendencia **política.** E. **Hobsbawm** sostiene que –de algún modo- la GF contribuyó al **crecimiento** económico mundial en los llamados "años dorados". Su crisis definitiva está ligada a la desaparición de la U.R.S.S. y a la consolidación de EE.UU. como única potencia militar, en lo que se conoce como el "**nuevo orden mundial**".

Guerrilla: Guerra llevada a cabo por ejércitos no regulares por lo general dispersos en pequeños grupos, tanto en el campo como en la ciudad. Se desarrolló especialmente en América Latina en las décadas de 1960 y 1970, tras el triunfo de la G en **Cuba** (ver también **guerra de G**).

Guevara de la Serna, Ernesto Rafael "Che" (1928-1967): Político y médico revolucionario argentino, dirigente de la **Revolución Cubana** de 1959 junto a Fidel **Castro.** Junto a éste organizó la **guerrilla** que encabezó el **proceso** revolucionario que derrocó al dictador F. **Batista** y aplicó transformaciones sociales de corte anticapitalista. En 1965 renunció a sus cargos en el **gobierno** revolucionario e impulsó la **lucha armada** en el Congo y **Bolivia,** llamando a la **revolución socialista** internacional, en oposición a la línea de la **burocracia** soviética. Aislado y sin apoyos –el **Partido Co-**

munista de **Bolivia** se desentendió de su lucha– fue asesinado en este último país, convirtiéndose por su lucha consecuente en un **símbolo de la izquierda** mundial. (Ver también **guevarismo**).

Guevarismo (1959 ➔): Conjunto de planteos ideológicos y prácticas político-militares llevados adelante por el revolucionario argentino Ernesto **Che Guevara**, líder de la **Revolución Cubana** junto a Fidel **Castro**. Sus rasgos centrales pasan por la táctica de la **guerra de guerrillas** o **teoría** del foco revolucionario (**foquismo**) como manera de suplir la debilidad de la **clase obrera** y/o **campesina** en su lucha por tomar el **poder** en forma revolucionaria e implementar medidas de transformación **socialista**. También, el G plantea la idea del hombre nuevo, basado en una **moral comunista**, opuesta a la alienación y el egoísmo de la moral burguesa. El G se basó también en el **internacionalismo**, sosteniendo su voluntad de crear un frente antiimperialista mundial que intentara derrocar a los **gobiernos capitalistas** en todo el mundo.

Gulag: **Campos de concentración** en la **U.R.S.S.** de **Stalin**, donde se alojaba a los **disidentes**.

Gusanos (Cuba, 1959 ➔): Denominación despectiva dada en **Cuba** a los exiliados contrarrevolucionarios que residen en los **EE.UU.**, especialmente en Miami, **Estado** de la Florida. Los G pertenecen a las **familias** burguesas que durante el **capitalismo** en la isla vivían en el privilegio, en medio de la miseria de la mayoría de la **población**. Sus **empresas** y otros **medios de producción** de los G fueron confiscados por la **Revolución** de 1959. Desde entonces, los "G de Miami" no han cesado de conspirar contra ésta.

H

Habermas, Jürgen (1929 ➔): Filósofo y sociólogo alemán, discípulo de T. **Adorno** y heredero del pensamiento de la **Escuela crítica**, aunque con una postura más optimista. Negó la **neutralidad** de la **ciencia**, criticando la **racionalidad instrumental positivista**, y desarrolló la **teoría de la acción comunicativa**, con la que aspiraba a liberar al hombre realizando la aspiración incumplida de la **Modernidad** ilustrada, en base al desarrollo de la **intersubjetividad** y la libre discusión racional, a la que observa como perfectamente lúcida. Entre sus obras principales encontramos a: *Teoría de la acción comunicativa* (1981).

Habitus (Pierre **Bourdieu**): Costumbres. Conjunto de disposiciones que hacen que una persona tenga internalizada una forma social de actuar. Cada una de las **estructuras subjetivas** de una **sociedad**. El *H* es lo social inscripto en el cuerpo, la **internalización** de las estructuras **objetivas** por parte de los **agentes**, las cuales modelan el *H* de éstos dándoles cierta visión del mundo. El *H* -generado por las estructuras objetivas- genera prácticas individuales y da a las conductas de los **sujetos** ciertos esquemas básicos de **percepción**, de pensamiento y de acción. Es el punto de conexión entre la **historia** social y la de cada **individuo**. Opuesto: **campo**.

Habitus lingüístico (Pierre **Bourdieu**): Condiciones sociales bajo las cuales se producen los **discursos**. Visto de este modo, los discursos están condicionados por la situación dentro de la cual se producen.

Hall, Stuart ( ): Figura descollante del campo de los estudios culturales británicos, H ha dirigido entre 1964 y 1974 el Centro de Estudios Culturales Contemporáneos de la Universidad de Birmingham. Trabajando habitualmente en la reformulación y expansión de conceptos sociológicos, semiológicos, lingüísticos y del **marxismo**, H analizó la **cultura** como un **proceso** significativo y primordial de las sociedades históricas concretas. Sus **objetos de estudio** incluyen fenómenos tan diversos y puntuales como las **subculturas** juveniles, la representación de las diferencias de **clase** y de **género** sexual, la participación e incidencia de los **medios masivos de comunicación** en los procesos de la **hegemonía política**, etc.

Hegel, Georg Wilhelm Friedrich (1770-1831): Filósofo idealista alemán. Además de tomar elementos de **Kant**, el **idealismo** poskantiano, el **cristianismo** y el **romanticismo** alemán, la **Revolución Francesa** ejerció una profunda influencia en el pensamiento de H, quien consideraba que ese acontecimiento histórico representaba el **poder** de la **razón** para operar sobre la realidad ("todo lo real es racional"). El desarrollo humano, según H, había evolucionado dialécticamente, pasando por diversas etapas (**despotismo oriental, esclavismo, servidumbre, Sacro Imperio Romano Germánico, monarquía**, Revolución Francesa, etc) hasta alcanzar su punto cumbre en el **Estado** prusiano, momento en que la Humanidad habría alcanzado la libertad absoluta. Desde lo filosófico, H se opone a pensar las cosas desde su finalidad o en relación con sus límites (rechaza, en ese sentido, el **noúmeno o cosa en sí** de Kant) y afirma que todo lo existente puede ser conocido a través de la razón. La posición hegeliana sobre las cosas es pensarlas como desarrollo, como **proceso**

de desenvolvimiento de lo universal (por ejemplo, el Estado, la **Idea** social absoluta) y superación de lo particular (por ejemplo, la **familia**). El **concepto** tiene por objeto la noción que H llama idea, que es la unidad del concepto y la **objetividad**. Los objetos dados por la realidad son llevados por el **sujeto** a ser determinaciones del concepto: la mente construye la realidad. Entre sus análisis centrales, se cuenta el desarrollo de la **dialéctica**, donde la **tesis** es el momento de lo inmediato o **espíritu subjetivo**, la **antítesis** es el momento de la **alineación**, perturbación o **espíritu objetivo** y la **síntesis** es el momento de la mediación dialéctica o **espíritu absoluto**, la totalidad única y superior, la Idea absoluta. La dialéctica en H se manifiesta en las contradicciones entre las ideas. Será el **marxismo** el que desarrolle "poniendo a Hegel patas arriba", una dialéctica **materialista**. Entre sus obras principales encontramos a: *La fenomenología del espíritu* (1807).

Hegelianismo: Tendencias seguidoras del pensamiento de **Hegel**. Mientras que los hegelianos ortodoxos –Gabler, Gans y otros– adoptaron su pensamiento en forma integral, los hegelianos de **izquierda** –especialmente K. **Marx**- rescataron del H la **dialéctica**, desechando el **idealismo**.

Hegemonía: Las primeras definiciones del **término** se inclinaron por destacar el aspecto militar, identificando a la H como dominio sustentado en la fuerza armada, en la **coerción**. Posteriormente, la H comenzó a ser vista como un componente fundamental de la **legitimidad**, basada en el **consenso**. La H puede entenderse como un **proceso** de construcción de una **ideología** que le permite a una **clase** apropiarse y mantenerse en el **poder**, admitiendo espacios de autonomía a los **grupos** subalternos que sean funcionales a la reproducción del **sistema**.

Hegemonía (Antonio Gramsci): Dirección intelectual y moral ejercida por la **clase dominante** sobre la **sociedad civil** en su conjunto. Capacidad de un **grupo social** para dirigir ideológica y culturalmente a otros grupos sociales. Con ello, esta clase logra constituirse en guía legítimo de la **Nación** y consigue el **consenso** o la pasividad de la mayoría de la **población**, incluidas las **clases sociales** dominadas. Mientras que las primeras lecturas del **concepto** refieren al predominio de un **Estado-Nación** sobre otro y en **Lenin** se identifica con la dirección **política** de una **clase social** sobre otras, **Gramsci** pone el énfasis en los aspectos culturales e ideológicos que cimentan a la H –sin abandonar la importancia de los factores políticos y económicos-. De este modo, la H gramsciana es la combinación del consenso y la **coerción**. Significa que toda clase dominante domina no sólo "por las malas" (en la **sociedad política**, por ejemplo, a través de la **represión** física estatal) sino también "por las buenas" (en la **sociedad civil**, a través de la educación, de la **vida cotidiana**, de la transmisión de las ideas e intereses de un grupo como si fueran los que convienen a todos). El resultado es la creación de **sujetos** sumisos y acríticos que aceptan el orden establecido. Un **marxista** influido por **Gramsci** –N. **Poulantzas**– sostiene la importancia de la H en el interior del **bloque en el poder**, es decir al interior de la propia clase dominante, con el fin de regular sus antagonismos y lograr que cada una de las **fracciones** dominantes renuncie a sus intereses inmediatos particulares priorizando el interés político común y el dominio sobre las clases subalternas. Así,

la H actúa como fuerza unificadora de los grupos dominantes. En forma simétrica, en el **bloque** revolucionario concebido como unidad contradictoria entre clases dominadas, la H de la **clase obrera** reside en la transformación del interés particular de esta clase, es decir, en el interés común de todos los explotados, una **contrahegemonía** orientada a socavar el orden burgués, transformando la sociedad civil y el **Estado** a través de una **reforma intelectual y moral**. La contrahegemonía, entonces, es la organización política, ideológica y cultural de la clase obrera y sus aliados con el objetivo de tomar el **poder** y realizar la **revolución socialista**.

Heterogeneidad estructural: Formación social donde conviven elementos de diferentes **modos de producción**, uno moderno y el resto resabios del pasado. Así, hay HE en una **sociedad capitalista** si en ésta conviven con la **economía burguesa** elementos precapitalistas (**feudalismo, esclavismo, agricultura de subsistencia, artesanos,** etc), que subsisten e impiden el pleno desarrollo de las **fuerzas productivas** y la consolidación de una **democracia burguesa** (ejemplos: **Alemania** y **Rusia** en el siglo XIX, **América Latina**).

Hismat (**U.R.S.S., 1924-1991**): Abreviatura del **materialismo histórico** según el **marxismo vulgar**. Opuesto: *diamat.*

Ho Chi Minh (1890-1969): Político vietnamita, **Presidente** de la República Democrática de Vietnam o Vietnam del Norte entre 1945-1969. Fundador del **Partido Comunista** Indochino, lideró la **guerrilla** del *Vietminh* e independizó al país en 1945, derrotando a **Japón** y **Francia**.

Hobsbawm, Eric John (1917-1991): Historiador inglés, de formación **marxista**. Considerado el más importante historiador del siglo XX, escribió *Las revoluciones burguesas* (1962), *La era del capital* (1975) e *Historia del siglo XX* (1996), entre otras.

Huelga: Paralización de la actividad productiva por parte de los **trabajadores** de una **empresa** o rama de la **producción**, con el fin de obtener determinados reclamos, tales como mejoras salariales o en sus condiciones de **trabajo**. Adopta diversas formas y recursos de implementación: trabajo a reglamento, H de brazos caídos, H de hambre, **piquetes** de H, **H general**, etc.

Huelga general: Paralización total de la **producción** de un país impulsada por los **trabajadores**. La HG tiene un carácter político, que va más allá de las **huelgas reivindicativas** sindicales. Aunque puede ser decretada por reclamos parciales o relativamente acotados, en determinados momentos, el **anarquismo** y el **marxismo** conciben a la HG como una herramienta revolucionaria y –en el caso del segundo– como una medida preparatoria de la toma del **poder** por parte de la **clase obrera**. En este sentido, habría que distinguir a la HG del **paro general**, que no tendría en principio un objetivo revolucionario.

I

Ideología: El término surgió a fines del siglo XVIII con el filósofo de la **Ilustración** Destutt de Tracy, quien definió a la I como el análisis de las ideas humanas. Desde otro punto de vista, la I puede ser vista como un conjunto sistemático de ideas. En *La ideología alemana* (1846), **Marx** reivindicó el espíritu revolucionario de la I de la **burguesía** francesa, en contraposición a la raíz **conservadora** e **idealista** de la I de la burguesía alemana. Según Marx, la I es una cosmovisión o visión del mundo y de la **sociedad** que enmascara la realidad material –condicionada por un **modo de producción** determinado– y constituye una **falsa conciencia**. La I dominante es la expresión de las ideas de la clase materialmente dominante que se extienden al conjunto de la **sociedad** como las "ideas generales". Algunos ejemplos: en épocas remotas, los ancianos tenían la palabra dominante, ya que se valoraba su experiencia. En muchas sociedades, hubo brujos y hechiceros que "revelaban" los secretos de la naturaleza. Más adelante, la "voz cantante" serán los filósofos (en Grecia) y la **Iglesia** (en la **Edad Media**). Los sacerdotes medievales eran "la" voz de Dios en la Tierra y su palabra era indiscutida: si lo decía el Papa era cierto y el que se oponía podía ser encerrado o condenado a la hoguera. El hecho de que hubiese un **discurso** y castigos para el desobediente, nos muestra que toda I dominante busca convencer -si es posible- o de lo contrario reprimir al que no está de acuerdo. Lo importante es que veamos que esta lucha "de ideas" (en la **superestructura**) tiene una raíz material (en la **estructura**). La **Modernidad** y el **capitalismo** también crearon su discurso y su I, desplazando a los Dioses y poniendo en su lugar a la "Diosa" **razón**. De este modo, la **lucha de clases** material se manifiesta también en el campo de las ideas y las **instituciones**: una **guerra**, una **elección** presidencial, las distintas posiciones políticas de dos diarios, el conflicto entre el **Poder Ejecutivo** y los jueces, son algunos ejemplos visibles de un conflicto no tan visible, que es el conflicto de clases. Louis **Althusser** plantea que la I es una representación de la relación imaginaria (y no de la relación real) de los **individuos** con sus **condiciones reales de existencia**. Sostiene que la I no tiene existencia ideal sino material y que *interpela* a los **individuos** como **sujetos**: los transforma de individuos (libres) en sujetos (no libres, pero que creen ser libres) que realizan ciertas prácticas sin cuestionarse nada y siendo funcionales al **sistema** (ejemplos: pensar que los villeros son "negros" y "chorros", que mamá "plancha" y papá "trabaja", que el **salario** del **obrero** equivale a su **trabajo**, que San Cayetano "da" trabajo, "siempre habrá pobres", "el éxito depende del esfuerzo personal", "la **desocupación** es culpa de los bolivianos y peruanos", "el hombre es egoísta por naturaleza", "los **trabajadores** no pueden gobernar", "no trabaja el que no quiere", etc). Por último, la I niega su carácter ideológico: no dice "los estoy engañando" sino "elijan libremente", garantizando, de este modo, la **dominación** de la **clase** dominante. Es importante tener en cuenta que la I no es una simple "mentira" o un engaño deliberado: es una visión *deformada* de la realidad pero que *opera* en la realidad (es decir que no son sólo palabras sino que se concreta en hechos y prácticas) en forma más o menos eficiente. Si fuera una simple mentira sería fácil desenmascararla. La mentira debe ser sutil, sostenible y **verosímil** (creíble). Un diario que mienta descaradamente perdería lectores todos los días; en cambio, un diario con periodistas que están ellos mismos convencidos de que son "objetivos" transmitirán I en forma eficaz (como dice el *slogan* del diario *La Prensa*: "La verdad y nada más que la verdad"). Se hace I tomando en cuenta las inquietudes y problemas de las clases a las que se quiere sojuzgar, replanteándolos en función de los intereses dominantes y presentándolos sólo una vez quitados sus elementos críticos: por ejemplo, los problemas de los obreros pensados (por los propios obreros) con la mentalidad de los burgueses. Mientras que las visiones reproductivistas y **estructuralistas** (el propio Althusser, **Foucault**) ven un dominio ideológico total por parte de las clases o grupos dominantes y los **populistas** endiosan a los consumidores de I sosteniendo que "el televidente tiene el control remoto y hace lo que quiere", una visión más equilibrada trata de ver las contradicciones existentes entre la dominación ideológica y la resistencia a ella. Por ejemplo, es cierto que los **medios de comunicación** tienen un poder enorme; sin embargo, Hugo **Chávez** triunfó en **Venezuela** con todos los grandes medios en contra. Esto demuestra los límites del **poder** ideológico.

Ideología alemana: Expresión utilizada por **Marx** y **Engels** para criticar a la **filosofía idealista** de **Hegel** y otros, a los que acusan de subordinar la realidad material al mundo de las ideas. Fue desarrollada en el libro que lleva ese nombre, datado en 1846.

Imperialismo (1870 →): Si bien tradicionalmente refirió a la expansión territorial, **política**, cultural y económica de un **imperio a escala internacional** –lo que posteriormente se precisó como **colonialismo**–, con connotaciones geopolíticas o militares, la acepción más específica de este término está ligada a la etapa de **expansión** económica del **capitalismo** a escala mundial, entre mediados y fines del siglo XIX. El inglés J. A. Hobson (*Estudios del imperialismo*, 1902) y luego **Lenin** (*El imperialismo, fase superior del capitalismo*, 1917) postularon la teoría del I, a partir de la categoría de **exportación** de capitales como base del **proceso** de expansión capitalista. Para la visión **liberal** de Hobson, el I es un intento de encontrar nuevos **mercados de inversión** cuando la capacidad de **producción** desborda los **mercados** locales, dadas condiciones internas de **concentración del capital**, desigualdad en los **ingresos** y **subconsumo** que fuerzan al **capital** a buscar mercados externos (la posición del subconsumo fue también planteada por la **marxista Rosa Luxemburgo**). Para Lenin (influido por Hilferding), el punto de partida del I –fase superior del capitalismo o **capitalismo monopolista** (ver)– está dado por la caída de la **tasa de ganancia** obtenida por los capitales monopólicos triunfantes en el **mercado interno** (obligados a reinvertir para eliminar a los competidores) y la necesidad de colocar excedentes en otros mercados, lo que confluye con los siguientes factores: a) existe una alta concentración de la producción y del capital, conformando **monopolios**, b) se produce una fusión del **capital bancario** con el industrial, formando el **capital financiero**, c) la exportación de capitales a **países subdesarrollados** supera en importancia a la exportación de mercancías, d) la lucha por los mercados se convierte en la presa a conseguir por asociaciones internacionales de capitalistas (*cartels*, *trusts*) y, e) se produce una ocupación territorial de todo el planeta por las **potencias coloniales**. En este sentido, la expansión del primer capitalismo en la época del **mercantilismo** y luego en la **Primera Revolución Industrial** -el **capitalismo de libre competencia**-, no debería ser encuadrada en la categoría de I, ya que ese proceso se centró en la exportación de **mercancías** y la conquista de mercados y no en la exportación de capitales, propia

del período que arranca con la **Segunda Revolución Industrial** ya bien avanzada, a fines del siglo XIX. En la segunda mitad del siglo XX, la **teoría de la dependencia** renovó los estudios acerca del I, poniendo el énfasis –no ya en los factores externos- sino destacando las **estructuras** internas de las economías de la **periferia** como propiciadoras de políticas imperialistas por parte de las **multinacionales** provenientes de las economías centrales.

Industria cultural (Escuela crítica, mediados del siglo XX): Proceso de conversión de las manifestaciones de la **cultura** en **mercancías**. Según **Adorno** y Horkheimer, la IC es un **fenómeno** propio de las sociedades de **consumo**, especialmente en referencia con los **medios de comunicación de masas** productores de cultura a nivel industrial –cine, radio, diarios, música, etc- y expresaría –según esta visión- la **alienación** y **cosificación** del hombre en la **sociedad capitalista**, especialmente de la **clase obrera**, controlada socialmente y con una actitud conformista, pasiva y manipulable, que no cuestiona el orden social ni los **productos** culturales mercantiles y superficiales que consume. Esto puede verse, por ejemplo, en el trabajador frustrado que ve en el cine la historia del **trabajador** exitoso que se hizo rico o se casó con una estrella, lo que le provoca una "catarsis" que le permite seguir afrontando su dura **vida cotidiana**. Es el mundo de la **racionalidad instrumental**, que a los pensadores de la **Escuela crítica** los hace caer en un profundo pesimismo. El "acto cultural" se transforma en "valor de cambio", en un objeto que se puede vender y comprar degradando la cultura al estandarizarla y convertirla en un **producto** más de la sociedad capitalista (aunque pueden haber otros fines en su difusión: políticos, ideológicos o de valores estéticos que requieren de esa industria para ser reconocidos).

Industrialización (1750 →): Proceso por el que en la **producción** de un país pasa a predominar la **industria** por sobre las actividades **primarias** y artesanales. La I está ligada con la **urbanización**, las **migraciones** campo-ciudad y el surgimiento de la **clase obrera**, entre otros factores. En *El Capital*, **Marx** describe como etapas históricas de la I la **cooperación simple**, la **manufactura** y la **gran industria**. Algunos autores distinguen la I de la **Revolución Industrial** británica, sosteniendo que la primera describe a los **procesos** de recepción y adaptación en otros países de las innovaciones producidas en la segunda.

Infraestructura: Ver **estructura**.

Insurgencia: Dícese de los grupos armados irregulares que combaten contra el **Estado**, con el fin de derrocar a un **gobierno** y/o tomar el **poder**. La **guerrilla** es el tipo más destacado de I.

Insurrección: Rebelión armada masiva que amenaza las bases del **poder** establecido, que puede tener características espontáneas o bien puede ser el punto culminante de una estrategia **política** revolucionaria de toma del poder, como sucede en el caso de los movimientos de I de raíz **marxista**.

Intelectual orgánico (Antonio Gramsci): Intelectual que defiende los intereses de una **clase social**. El IO se define por sus posiciones frente a la **lucha de clases**, no por su pertenencia de clase **objetiva**: así, un intelectual proveniente de la **burguesía** o la **pequeña burguesía** puede defender los intereses de la **clase obrera**. Es el caso de la mayor parte de los IO **marxistas**.

Internacional: Agrupamiento de **partidos políticos** de distinta **nacionalidad** pero igual **ideología**, aunque el término refiere especialmente a los núcleos **obreros** adherentes al **marxismo**. En la **Primera I** se agruparon **anarquistas** y **marxistas**, mientras que la **Segunda I** agrupó a la **socialdemocracia**, surgiendo de un desprendimiento de ésta la **Tercera I**, de orientación **comunista**. Finalmente, León **Trotsky** fundó la **Cuarta I** (ver por separado cada una de las entradas). Existen también I de orientación **liberal**, democristiana, entre otras corrientes.

Internacional Comunista: Ver Tercera Internacional.

Internacional Laborista y Socialista: Ver Segunda Internacional.

Internacional Socialista (3-7-1951 →): Agrupamiento de **partidos socialdemócratas** o del llamado "socialismo democrático", heredera de la **Segunda Internacional**. Su línea **política** inicial se colocó en el terreno del objetivo del socialismo por la vía **reformista** y parlamentaria. Poco a poco, las tendencias más moderadas fueron acercando a la IS hacia planteos de reivindicación del **Estado de Bienestar** y de políticas **keynesianas**. En las últimas décadas, diversos partidos de la IS en el **gobierno** han implementado medidas poco diferenciadas de sus rivales **neoliberales**, reivindicando abiertamente el **capitalismo**. Sus dirigentes históricos más reconocidos son el alemán Willy Brandt y el sueco Olof Palme.

Internacionalismo: Postura que prioriza

lo internacional por sobre lo nacional. En particular, el I **marxista** plantea la unidad mundial de los **trabajadores**, con independencia de la nacionalidad de los mismos (I proletario). El I se opone al **nacionalismo**, al que los marxistas consideran como un **fenómeno** subsumido en la **lucha de clases**. Aunque no desvirtúan la **legitimidad** de las luchas nacionales, los internacionalistas advierten sobre la utilización del nacionalismo como mecanismo ideológico de la **burguesía** para defender su interés de **clase**.

Internacionalismo proletario: Unidad política **internacional** de la **clase trabajadora**, cuyo objetivo es la **revolución socialista** mundial. El IP se cristalizó en la formación de las internacionales **obreras** de fines del siglo XIX y principios del siglo XX.

Internacionalización: Según algunos autores como Coriat, etapa productiva que se extiende desde fines del siglo XIX hasta la **Primera Guerra Mundial**. Se caracteriza por la **soberanía** económica de los Estados-Nación y el intercambio internacional de **productos**. La I precedería a la **mundialización** y a la **globalización**.

Invasión a Hungría (Hungría, 4-11-1956): Entrada del **Ejército** de la U.R.S.S. a Hungría, que derrocó a Imre Nagy, político que había proclamado un **gobierno comunista** disidente de Moscú.

Izquierda (1789 →): Desde la época de la **Revolución Francesa**, la I representa a aquellos sectores políticos que cuestionan el orden social vigente y proponen transformaciones, ya sean totales (I **revolucionaria**) o parciales (I **reformista** o **centroizquierda**), en favor de los sectores sociales más desprotegidos o explotados. Para **Bobbio**, la I representa el ideal de una **sociedad** igualitaria. En la I encontramos movimientos muy diversos, incluso dentro de los que se reivindican **marxistas**: **leninistas, trotskistas, maoístas, guevaristas, castristas**, etc. Por fuera del marxismo, tenemos una I **anarquista**, una I **socialdemócrata** o **socialista reformista**, una I **nacionalista**, etc.

Izquierda nacional: Sector de la **izquierda** que reivindica la alianza de la **clase obrera** con la **burguesía nacional**, en oposición a la izquierda internacionalista, a la que denuncia como "**cipaya**". Para la IN, la **lucha de clases** se subordina a la lucha de la **Nación** contra el **imperialismo**.

Izquierda reformista: Sector de la **izquierda** que plantea reformas sociales y populares dentro de los marcos del **capitalismo** y el **parlamentarismo**. Históricamente, la **socialdemocracia** se colocó dentro de la IR tras su ruptura con los **comunistas** durante la **Primera Guerra Mundial**. Durante mucho tiempo, la IR reivindicó el objetivo **socialista**, aunque por la vía electoral y pacífica. Sin embargo, en las últimas décadas ha declinado ese planteo estratégico y se ha moderado fuertemente. De hecho, muchos **gobiernos** de la llamada IR han aplicado **políticas** cercanas a la **derecha neoliberal** (F. González en **España**, F. Mitterrand en **Francia**, R. Lagos en **Chile**, etc), reivindicando en forma abierta al **capitalismo**. En la actualidad, la inmensa mayoría de la IR puede catalogarse dentro de la llamada **centroizquierda**.

Izquierda revolucionaria: En términos estrictamente marxistas, sector de la **izquierda** que reivindica la **dictadura del proleta-**

riado, la **revolución socialista** internacional y la vigencia del **marxismo**. En oposición a la **izquierda reformista**, la IR no cree en la vía pacífica y parlamentaria para la toma del **poder** y se plantea organizar a la **clase obrera** en un **partido** revolucionario que dirija la **insurrección**, con el **Partido Bolchevique** ruso como **modelo** fundamental. Desde otro punto de vista, diversos sectores del **nacionalismo** y el **populismo** también se autotitulan izquierdistas y revolucionarios, lo mismo que el anarquismo, que cuestiona a los grupos marxistas, a los que acusa de autoritarios. Por último, hay quienes incluyen en el concepto **a algunos** grupos guerrilleros –en algunos casos por su programa, en otros por su **método**- que impulsaron la revolución socialista inspirados en la **Revolución Cubana** –y en particular en la figura de Ernesto **Che Guevara**-. De hecho –sobre todo en América Latina- **Cuba** introdujo en el debate de la IR la cuestión del foco revolucionario, novedoso frente a la ortodoxia leninista.

J

Jruschov, Nikita: Ver **Khruschov, Nikita**.

K

Kamenev, Liov Borissovich (1881-1936): Político ruso, participó en la **Revolución Rusa** y tuvo importantes cargos. Fue acusado de traidor y fue ejecutado por **Stalin**.

Kautsky, Karl (1854-1938): Político **social-demócrata** alemán. Discípulo de K. **Marx**, encabezó el ala que se distanció del marxismo, adoptando posiciones **reformistas**. Entre sus obras principales encontramos a: *La **doctrina** económica de Karl **Marx*** (1887).

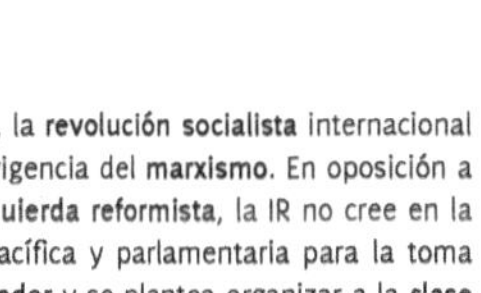

KGB **(U.R.S.S., 1954-1991):** Siglas del *Komitet Gosudarstrennoaja Bezopasnosty* (Comité de la Seguridad del **Estado**), organización de los servicios de **inteligencia** soviéticos. Equivalente de la norteamericana **CIA**, su denominación inicial era *GPU*.

Khruschov, Nikita Sergeyevich (1894-1971): Político soviético, miembro del **PCUS** y sucesor de **Stalin** en el **poder**. En 1956 impulsó la **desestalinización** y en 1964 fue desplazado, siendo reemplazado por N. Brezhnev.

Koljós **(U.R.S.S., 1922-1991): Cooperativa** de **campesinos** que utilizaba **medios de producción** alquilados al **Estado**. Junto con la **producción** colectiva, la producción obtenida de las parcelas familiares podía ser comercializada libremente en los **mercados** *koljosianos*. Se diferencia del ***sovjós***, que pertenecía al **Estado**.

Kominform **(1947-1956):** Coordinación internacional de los **partidos comunistas** en la segunda posguerra y organismo encargado de la propaganda. Reemplazó a la **Tercera Internacional**, disuelta por J. **Stalin**.

*Komintern***:** Denominación rusa de la **Tercera Internacional**.

Kondratieff, Nikolai Dmitrievich (1892-1930): Economista ruso, especialista en el análisis de los **ciclos largos**, los que recibieron su nombre a propuesta de J. Schumpeter. Entre sus obras principales encontramos a: *Las ondas largas de la economía* (1925).

Kropotkin, Piotr (1842-1921): Pensador **anarquista** ruso, partidario del anarcocomunismo.

Kruschev, Nikita: Ver, Khruschov, Nikita.

***Kulaks* (Rusia, siglo XIX-década de 1930):** Medianos propietarios de **tierras** o **campesinos** acomodados, que empleaban **trabajo asalariado** y estaban en condiciones de comercializar una parte de su **producción**. En 1929, **Stalin** decretó la eliminación de los K, incluso por la vía de su deportación a Siberia o su eliminación física. Se estima que unos diez millones de K fueron asesinados.

L

La emancipación de los trabajadores debe ser obra de los propios trabajadores (Karl Marx, 1864): Frase que **Marx** propuso en el marco de la formación de la **Primera Internacional**, haciendo referencia a la necesidad de que la **clase obrera** se involucrara decididamente en la organización de la **revolución socialista** y en el armado de la futura **sociedad comunista**.

La historia me absolverá (Fidel Castro, 1953): Frase pronunciada por Fidel **Castro** durante el **juicio** que se le realizó por al **Asalto al Cuartel Moncada**. La expresión de Castro se refería a que –dado que su lucha era contra una **dictadura** y por la **liberación nacional** de Cuba– el juicio histórico no lo condenaría.

***La Internacional*:** Himno internacional de la **clase obrera**. Existe una versión **marxista** y otra **anarquista**.

La "larga marcha" (China, 1-10-1934 / 25-10-1935): Marcha de trece mil kilómetros realizada por las fuerzas comunistas formadas por cien mil hombres al mando de **Mao Tsé Tung**, con el fin de ponerse a salvo de las persecuciones del **nacionalista Chang Kai-Shek**. Un año después, sólo llegaron treinta mil hombres, que instalaron un bastión **comunista** en Yenan, zona noroccidental del país. Precariamente, Mao logró la recuperación de la influencia comunista y se alzó con el **poder** en 1949 (ver **Revolución China**).

La lucha de clases es el motor de la historia (Karl Marx): Idea de que el continuo enfrentamiento entre las **clases sociales** que quieren mantener el orden social y las que quieren revocarlo, origina las transformaciones históricas en las sociedades.

La violencia es la partera de la historia (Karl Marx): Expresión con la que **Marx** señala la función de la violencia como momento necesario de los cambios sociales revolucionarios. En este sentido, Marx diferencia la violencia revolucionaria –que sería aquella violencia indispensable para que la Humanidad progrese– de las formas de violencia que sirven para mantener la opresión social.

Lenin (Vladimir Illich Ulianov, 1870-1924): Político y abogado **marxista** ruso, líder de la **Revolución Rusa** de 1917 (ver) y cabeza del **Partido Bolchevique** y la **Tercera Internacional**, ambas organizaciones de tendencia **comunista**. Encabezó la toma del **poder** por parte de los **obreros** y **campesinos** rusos, postulando la **dictadura del proletariado** y la construcción de la **revolución socialista** a escala mundial. Escribió obras fundamentales del marxismo, como *El imperialismo*, *etapa superior del* **capitalismo** (1916) o *El* **Estado** *y la revolución* (1917). Una enfermedad lo desplazó del poder en 1922, quedando la conducción del **Estado obrero** en manos de Joseph **Stalin**, quien renunció a los ideales comunistas e implementó una **dictadura burocrática**.

Leninismo (1903 →): Doctrina de Lenin, líder máximo de la **Revolución Bolchevique.** El L se opone a dejar librada la suerte de la **clase obrera** a sus luchas espontáneas –que sirven para la lucha por reivindicaciones económicas en los marcos del **capitalismo,** pero no para destruir las bases de éste- (ver **espontaneísmo**) y postula la necesidad de crear un **partido** obrero -formado por revolucionarios profesionales- que guíe a los trabajadores hacia la toma del **poder** a través de la organización y la **conciencia de clase.** (Ver también **marxismo, marxismo-L** y **Revolución Rusa**).

Ley de tendencia decreciente de la tasa de ganancia: Ver **tendencia a la caída de la tasa de ganancia.**

Ley del valor: Principio económico que establece que toda **mercancía** es un **producto** que tiene un **valor** determinado por la cantidad de **trabajo abstracto socialmente necesario.** La LV fue desarrollada, bajo diferentes ángulos, por A. **Smith,** D. **Ricardo** y K. **Marx** (ver **teoría del valor**).

Leyes de la dialéctica: Planteadas por **Hegel** y reformuladas por **Engels** y **Lenin,** las LD son las siguientes: 1) toda cosa es la unión de contrarios (**ley de la coincidencia de los opuestos**), 2) todo cambio se origina en una oposición o contradicción (ley de la **negación de la negación**) y, 3) la cantidad y la calidad se transforman entre sí (ley del paso de la cantidad a la calidad).

Liberación nacional: Proceso por el que países subdesarrollados, periféricos y dependientes de los centros **imperialistas**, logran un grado considerable de independencia económica y **política.** Con la finalización de la **Segunda Guerra Mundial** y el desarrollo del **movimiento tercermundista**, se desenvolvió una lucha de LN, en muchos casos armada, en buena parte de los países coloniales de África y Asia, y se formaron **guerrillas** de LN en los países -formalmente libres pero dependientes- de América Latina. En algunos casos, esos procesos no se detuvieron en la fase nacional burguesa, sino que avanzaron rápidamente hacia medidas de tipo anticapitalistas o **socialistas** –Cuba, Yugoslavia, etc-, enfrentando a sus propias **burguesías nacionales.**

Liberalismo (fines del siglo XVIII →): Doctrina económica y **política** desarrollada en el contexto de la **Primera Revolución Industrial** y la **Revolución Francesa**, como expresión de los intereses de la **burguesía.** El **L económico** surgió de la mano de autores como Adam **Smith** quien –influido por los **fisiócratas**- sostuvo la idea de un orden natural y el principio del *laissez faire*, rechazando la intervención del **Estado** en el **mercado.** Para Smith, el progreso humano está basado en la **división del trabajo,** la **ley de la oferta y la demanda** y el desarrollo del interés individual, que llevan al bienestar general. En el plano político, el L surgió como una reacción de la burguesía ascendente contra el **absolutismo** y la concentración de poderes, postulando la limitación y **división de poderes.** Son autores clave del **L político** John **Locke** y **Montesquieu** y del L económico, el ya mencionado Smith y David **Ricardo.**

Liga Comunista (Alemania, 1847): Sociedad secreta de intelectuales **comunistas.** La LC –anteriormente llamada **Liga de los Justos**– encargó a **Marx** y **Engels** la redacción del *Manifiesto Comunista.*

Lógica dialéctica: Conjunto de **principios lógicos** basados en la **dialéctica,** especialmente **hegeliana** y **marxista.** Existen tres **leyes de la LD: negación de la negación** (toda realidad encierra su negación), paso de la cantidad a la calidad (la realidad cambia por una acumulación de fuerzas) y coincidencia de los opuestos (los elementos en contradicción forman parte de una misma unidad). Opuesto: **lógica clásica.**

Lucha de clases: Teoría que sostiene que la **sociedad** se desarrolla en base al antagonismo entre las **clases** propietarias –dominantes y explotadoras– y las clases desposeídas –dominadas y explotadas–, en un proceso continuo, dinámico y cambiante. Para el **marxismo, la LC es el motor de la historia.**

Lumpenproletariado (Karl Marx): Fracción social marginada del proceso de **producción y consumo** y carente de **conciencia de clase.** Por ejemplo, pertenecen al L grupos desclasados como los vagabundos, mendigos, prostitutas y delincuentes.

Lumpenproletariat: Ver **lumpenproletariado.**

Luxemburgo, Rosa (1870-1919): Política **marxista** nacida en Polonia. Militante del **Partido Socialdemócrata** alemán, denunció el apoyo de la mayoría del **partido** a la **burguesía** alemana en la **Primera Guerra Mundial** (ver **revisionismo**). Junto con Karl Liebknecht fundó la **Liga Espartaco,** luego **Partido Comunista.** L y Liebknecht fueron asesinados por la **socialdemocracia** en el **gobierno,** luego del fracaso espartaquista en su intento de tomar el **poder.** Escribió numerosas obras teóricas, especialmente en las temáticas del partido revolucionario y la **economía capitalista.** Entre sus obras principales encontramos a: *Reforma o revolución* (1900), *La acumulación del **capital*** (1913) y *Huelga de masas, partido y **sindicatos*** (1913).

M

***Manifiesto Comunista* (Karl Marx y Friedrich Engels, 1848):** Obra fundacional del **marxismo,** el MC surgió cuando en Europa se estaba desarrollando la **Segunda Revolución Industrial** y la **clase obrera** comenzaba a tener cada vez mayor importancia. Este **proletariado** sufría una fuerte **explotación** pero no tenía claros sus objetivos. **Marx** y **Engels** trataron de concientizar y organizar a los **trabajadores** con el fin de que éstos se organizaran en un **partido** revolucionario de los trabajadores, un partido obrero, para tomar el **poder,** destruir al **capitalismo** y crear una **sociedad comunista,** sin explotadores ni explotados.

Manifiesto del Partido Comunista: Ver *Manifiesto Comunista.*

Manufactura (Karl Marx, siglo XVI-mediados del siglo XVIII): Segundo estadio de la **producción capitalista,** posterior a la **cooperación simple** y anterior a la **gran industria automática.** De importancia fundamental en la llamada **división social del trabajo** (ver), la M es un **sistema** de producción basado en la reunión –realizada por un

capitalista propietario de los **medios de producción**– de obreros de diversos oficios en grandes conglomerados y la subdivisión de esos oficios en especialidades cada vez más elementales, pero usando principalmente la fuerza y la habilidad manual del **obrero**, ayudado con herramientas pero sin máquinas o con escasa influencia de ellas. En la M cada obrero hace una parte del **trabajo** pero no el trabajo completo. Aunque el capitalista proporciona las **materias primas** y herramientas, tanto en la M como en la cooperación simple, la forma de trabajo y sus ritmos son determinados por el obrero. El **trabajo** mantiene un carácter artesanal, ya que cada operación se hace aún a mano y depende de la destreza del trabajador individual. Sin embargo, como ahora sólo se realiza una simple operación (por ejemplo, tejer), el **trabajador** queda alienado en algunos aspectos, es decir, pierde parte de su creatividad –aunque gana en **eficiencia**–. La nueva organización incrementa la **fuerza de trabajo** socialmente productiva –el trabajo del obrero colectivo formado por la combinación de los trabajos parciales– y, como nunca antes, da importancia a la producción de **mercancías** en un tiempo de trabajo mínimo –mientras que en la cooperación simple era imposible reducir el tiempo de trabajo, porque el obrero tenía que hacer muchas operaciones parciales que le obligaban a cambiar de lugar y de herramientas–. Ahora se trataba de usar unas pocas herramientas, mejores y más simples, para realizar muchas operaciones; una herramienta especial para cada operación o función parcial especializada. Hoy día entenderíamos este proceso como una **industria** artesanal, pero no aislada sino en mayor escala. La progresiva mecanización de la M llevó a una fase de transición: la **M moderna**, basada en un uso auxiliar (y

no central, como en la gran industria que vendría después) de máquinas. La definición actual de M difiere de la clásica ya que refiere –ésta sí– al uso de máquinas. La M va creando una jerarquía de fuerzas de trabajo, a la que corresponde una escala o gradación de **salarios**. La escala jerárquica del trabajo se combina con la división pura y simple de los obreros en obreros especializados y **peones**. Al alcanzar un grado de desarrollo productivo, la M creó necesidades de producción que encontraron serias limitaciones técnicas, lo que abrió las puertas para el paso a la siguiente fase: la gran industria.

Mao Tsé Tung (1893-1976): Político chino, líder de la **Revolución China** de 1949 y primer **Presidente** de la **República** Popular. Fundador del **Partido Comunista**, dirigió entre 1934-1935 la "**Larga Marcha**" del **Ejército Rojo** desde Kiangsi hasta Yenan, ganando el apoyo de los **campesinos**.

Maoísmo (1949 →): Ideología de los seguidores de **Mao Tsé Tung**, líder de la **Revolución China** de 1949. A diferencia del **marxismo** clásico, el M postuló al **campesinado** –y no a la **clase obrera**– como clase revolucionaria, reivindicando además como **líder carismático** indiscutido a Mao. También planteó la necesidad de atacar la **burocratización** del **Estado** surgido de la revolución –especialmente durante el período de la llamada **Revolución Cultural**– y sostuvo posiciones **nacionalistas**. Sin embargo, sus críticas al burocratismo en las revoluciones –incluyendo a la **U.R.S.S.**– no incluyeron a la figura de **Stalin**, a quien el M, con algunas reservas, reivindica. Hacia la década de 1960, el M tuvo bastante influencia en **movimientos** guerrilleros de América Latina, como **Sendero Luminoso**

del **Perú** y otros de Ecuador, **Colombia** y otros países.

Marcuse, Herbert (1898-1979): Filósofo alemán, de la **Escuela de Frankfurt**, recibió influencias de **Freud** y de **Marx**. En su principal obra, *El hombre unidimensional* (1964) denunció la **alienación capitalista**, que lleva al hombre a abandonar la **razón** y a depender del consumismo. Fue uno de los pensadores más influyentes en el **Mayo francés**. Escribió también *Razón y revolución* (1941).

Mariátegui, José Carlos (1895-1930): Pensador peruano, uno de los más importantes teóricos del **marxismo** latinoamericano y fundador del **comunismo** en su país. Entre sus obras principales encontramos a *Siete ensayos de interpretación de la realidad peruana* (1929), donde reivindicó la centralidad de la lucha **indígena** contra el **latifundio** en los países andinos, basándose en las tendencias comunistas incaicas. Se diferenció por igual del **marxismo vulgar economicista** y de las posturas **nacionalistas** burguesas de la mayor parte de los **partidos** comunistas latinoamericanos influidos por el **stalinismo** (tendencias presentes también en el **aprismo** peruano). En este sentido, rechazó la idea de la existencia de una **burguesía nacional** peruana y de una alianza con ella, como planteaban los nacionalistas. Sostenía, por el contrario, que las conquistas democráticas sólo podían llevarse a cabo por medio de una **revolución socialista**. Su muerte derivó en el abandono de sus **tesis** por parte del Partido Comunista del Perú, que se alineó con los planteos **reformistas** planteados desde Moscú.

Mariscal Tito (1892-1980): Nombre político de Josip **Broz**, militar croata, líder de la **revolución** en Yugoslavia en 1945. Encabezó la lucha contra los **nazis** y planteó la formación de un **Estado** yugoslavo **federal**. En 1949 rompió con la **U.R.S.S.** e impulsó un vía alternativa hacia el **socialismo**, centrada en la **autogestión**. También impulsó el **Movimiento de Países No Alineados**.

Marx, Karl Heinrich (1818-1883): Filósofo y economista alemán, fundador del **socialismo científico, comunismo** o **materialismo histórico**. Postuló la **lucha de clases** como motor de los cambios históricos y –en el contexto de la **Segunda Revolución Industrial**- comenzó a organizar a la **clase obrera** mundial con el objetivo del derrocamiento revolucionario del **capitalismo** y la instauración de una **sociedad** comunista, sin explotadores ni explotados. Fue uno de los fundadores de la I **Internacional** y explicó el funcionamiento básico del **modo de producción capitalista** a través de la **acumulación de capital**, en base a la extracción de **plusvalía** realizada por la **burguesía** sobre el **proletariado**, señalando que las contradicciones del **sistema** lo llevarían a su autodestrucción. Entre sus obras principales encontramos a: *Manifiesto del Partido Comunista* (1848, junto a Friedrich **Engels**) y *El Capital* (1867).

Marxiano: Todo lo referente a Karl **Marx**. El marxismo, en cambio, está vinculado con la obra de éste y la de todos sus partidarios y sucesores.

Marxismo (1843 →): **Doctrina** creada por Karl **Marx** que explica el funcionamiento de la **sociedad** en base a la **producción** material de la existencia humana y a la **lucha de clases** a través de la **historia** (materialismo histórico). Sostiene que la **propiedad** privada de los medios de producción es la base de la **explotación del hombre por el hombre** y que el **Estado** es un instrumento de la **clase dominante** para oprimir a las otras clases. El M introdujo en la **teoría del valor** el concepto clave de **plusvalía**, aquella parte del **trabajo** del **obrero** que no es remunerada y que un **capitalista** se apropia con el objetivo de acumular **capital**. Explicó también cómo dicha **acumulación** aumenta la **composición orgánica del capital**, provocando una **tendencia a la caída de la tasa de ganancia**, y con ello, **crisis** recurrentes que pueden abrir paso a **situaciones revolucionarias**. El M postula la formación de un **partido obrero** que derroque en forma revolucionaria a la **burguesía** e instaure la **dictadura del proletariado**, un **Estado obrero** como fase de transición a la sociedad **socialista** y a la fase final: el **comunismo**, sociedad sin clases ni Estado. El M se formó a partir de tres fuentes principales: la **economía política** en **Inglaterra** (Smith y Ricardo), el **socialismo utópico** en **Francia** e Inglaterra (Saint-Simon, Owen, Fourier) y la **filosofía dialéctica** y **materialista** en **Alemania** (Hegel y Feuerbach respectivamente). Desde su surgimiento, el M ha dado lugar a una gran diversidad de movimientos (en muchos casos, antagónicos entre sí) que se reclaman pertenecientes a esta doctrina: **socialdemocracia, leninismo, stalinismo, trotskismo, maoísmo, castrismo, guevarismo**, etc. Entre los sucesores más importantes del M inicial de Marx y Friedrich **Engels**, se destacan **Lenin**, León **Trotsky**, Rosa **Luxemburgo**, Antonio **Gramsci**, José Carlos **Mariátegui** y Ernesto **Che Guevara**. En el plano teórico, el M ha realizado aportes fundamentales en campos tan disímiles como la **Filosofía**, la **Psicología**, la **Antropología**, la **Economía**, la **Ciencia Política**, la **Sociología**, entre otros.

Marxismo estructural: Corriente de la **Antropología** que define a los fenómenos culturales como centrales en el proceso social. El ME equipara **cultura** con **ideología** y sostiene que la tarea de la cultura es la reproducción de la **sociedad**, legitimando el orden social, mediatizando las contradicciones y ocultando las fuentes de la **explotación** del **sistema**. Con influencias de **Althusser**, entre otros se destaca Maurice **Godelier**, quien relacionó la base material con la ideología, prestando atención al **parentesco**, la descendencia, el intercambio, pero relacionándolos con las **estructuras** política y económica. El ME ha sido criticado por esta igualación de cultura e ideología.

Marxismo-leninismo (principios del siglo XX): **Doctrina** que completa al **marxismo** con los postulados de **Lenin**, desarrollando la idea de la organización revolucionaria mundial del **proletariado** y la lucha contra el **Estado**. Uno de los aspectos novedosos respecto del marxismo anterior es el planteo de que la **revolución socialista** no necesariamente debe comenzar en los países capitalistas más desarrollados, pudiendo iniciarse en los eslabones más débiles de la cadena del **capitalismo** mundial. Este postulado permitió a los **comunistas** rusos tomar el **poder** en un país **agrario** atrasado y con una débil **industria** (y lo mismo ocurrió posteriormente con **China**). Luego de la muerte de Lenin, el ML terminó por identificarse con el **stalinismo** oficial de la **U.R.S.S.** (ver marxismo **vulgar**) abandonando el planteo del **socialismo** internacional e identificándose con los intereses de la **burocracia** estatal soviética.

Marxismo oficial: Ver marxismo vulgar.

Marxismo vulgar: Lectura simplificada del **marxismo**, basada en una **filosofía materialista** a-histórica (**Feuerbach**) y **positivista** (sostenida en una utilización tergiversada del **concepto** de "materialismo dialéctico"), e influida por el **mecanicismo**, el **determinismo** y el **economicismo**. El MV plantea la centralidad de los **fenómenos** económicos en abstracto y el carácter inevitable de la **revolución**, subestimando la importancia de la **lucha de clases**, la **historia**, la **conciencia de clase** y los factores **subjetivos**. Fue propio del **stalinismo** y aún hoy es utilizada como herramienta argumentativa por los adversarios del marxismo para impugnar al conjunto de la **teoría**.

Materialismo (siglos XVII-XVIII): Doctrina filosófica que sostiene que la **materia** es el fundamento de la realidad y que el mundo existe desde siempre –y por lo tanto, no fue creado- y con independencia de los **sujetos**. La materia -en este sentido, que no es el aristotélico- está compuesta de corpúsculos que actúan unos sobre otros de acuerdo con **leyes** mecánicas expresables matemáticamente y ellos son a la vez el fundamento de toda realidad y la **causa** de todas las transformaciones (aunque no todo M es **determinista**). Así, la **idea** y el espíritu tienen un *status* inferior que varía según de qué M se trate, pero en líneas generales están determinados por la materia y deben ser explicados en términos de sus **causas** materiales. El M moderno es una reacción contra las investigaciones idealistas de corte **cartesiano** que privilegian la **gnoseología** y la certeza hasta el extremo de poner en tela de juicio la realidad del mundo sensible (tradición que inició **Platón**). Para el M, el mundo existe independientemente de la **conciencia** y debe estudiárselo como

tal, es decir, sin la pretensión de que la conciencia tenga de él una captación plena e indubitable. Representantes del M: **Demócrito** y **Epicuro** en la **Antigüedad** y Thomas **Hobbes**, Gottfried W. **Leibniz**, Ludwig **Feuerbach** y Denis **Diderot** en el pensamiento moderno. Posteriormente, el **marxismo** desarrolló el **M dialéctico** y el **M histórico** para superar las que consideraba eran limitaciones del M precedente –en especial, el de Feuerbach-, al que calificó de **M vulgar**. Opuesto: **idealismo**.

Materialismo dialéctico (marxismo): Se llama con este nombre a las **doctrinas** de **Marx** y de **Engels** y a doctrinas posteriores que desarrollaron sus ideas. Se lo llamó así para diferenciarlo del **idealismo dialéctico** de **Hegel** ya que su herencia hegeliana es puramente metodológica: el MD es anti-idealista. El **método** del MD pone el énfasis en el **proceso** y no en el estado, en la conversión y no en el **ser**, en "la película" y no en "la foto", en las relaciones entre las partes y no en las partes aisladas, en la contradicción y en el movimiento. Se diferencia del método de Hegel en que es menos especulativo, incorporando en los argumentos **datos** estadísticos y, en general, incorporando la **historia** en términos económicos y de **lucha de clases** y no ya la historia entendida como los pormenores de un **espíritu absoluto**. Una idea central de esta doctrina es la de que la vida espiritual es una **superestructura** de la **estructura** fundamental de las **relaciones de producción**, es decir, que la **ideología** o cosmovisión de las diferentes **clases sociales** en un momento histórico y sus **instituciones** están condicionadas por el lugar que ocupan en el "mapa" de la **economía** (en este sentido es materialista el MD clásico: las condiciones materiales puede ser **causa**, puede causar, en la medida en que la **sociedad** es un entramado de pactos implícitos sobre la **propiedad** de **bienes** económicos). El MD sostiene que hay **leyes** históricas que se conocen *a posteriori*, pero éstas no son leyes constantes como las físicas sino evolutivas: explican **procesos** que no se repiten. La historia es la resultante de fuerzas en conflicto y cuando un conflicto es suficientemente importante produce una ruptura e inicia una nueva fase. Estas fuerzas son principalmente económicas pero también son superestructurales, es decir que estructura y superestructura se relacionan dialécticamente. Una línea pretendidamente continuadora de las ideas de Marx y Engels que también se conoce como MD y sobre todo como *dia-mat* fue la ideología dominante de los **partidos** comunistas durante el **stalinismo** (influida por las obras de **Plejánov** y **Bujárin**). La *dia-mat* se distingue del MD originario por la tesis que podríamos llamar de "unidireccionalidad estructural" que dice que la estructura determina a la superestructura mientras que apenas sucede lo inverso. Los conflictos económicos en la estructura y en la naturaleza son dialécticos y no mecánicos (si lo fueran, sería un **determinismo** inquebrantable) y pueden explicarse a través de leyes que, para esta corriente, sí son asimilables a las leyes físicas. Sus defensores afirman que el *dia-mat* fue creado por Engels, pero no puede demostrarse que éste haya subordinado la historia de la lucha de clases a la materia y a la dialéctica de la naturaleza. Los críticos del *dia-mat* sostienen que el MD en manos del stalinismo constituyó una desviación determinista, **economicista** y **positivista** ajena al **comunismo** y al **marxismo**. En un sentido amplio, podemos mencionar como autores destacados del MD a **Lenin**, **Trotsky**, **Althusser**, **Gramsci**, **Lukács**, Lefèbvre, Kolakowski y **Sartre**, entre otros. El uso común no distingue entre MD y **materialismo histórico** (ver) y toma ambas expresiones como sinónimos que nombran el método del **marxismo** (ver) pero es posible trazar una distinción entre ambos: puede haber un materialismo histórico que no sea dialéctico (ni marxista) si explica la historia a partir de condiciones materiales pero niega el papel de la lucha de clases, negando así la dialéctica de la historia (como en el caso mencionado del stalinismo). Una posición como ésta se opone al **idealismo** histórico representado, entre otros, por Max Weber. Por otro lado, el MD puede aplicarse a un objeto que no sea histórico, sirviendo de instrumento para un análisis sincrónico (y, en ese caso, no se trataría de materialismo histórico).

Materialismo histórico (marxismo): Estudio de la **historia** humana desde el punto de vista de la historia del **desarrollo** de las **fuerzas productivas** y la **lucha de clases**. Para el MH, la historia no la hacen ni Dios ni el destino, sino el **hombre**, en su relación con el mundo **objetivo**. El MH trata de explicar las distintas formas de organización social que se dan en la historia, a partir de las condiciones materiales de **producción** de la riqueza y reproducción del hombre. **Marx** intentó descubrir el camino que llevase de los **modos de producción** basados en la **explotación** del **trabajo** de una **clase** por otra, a un modo de producir la riqueza sin explotación y –por lo tanto– sin clases. EL MH surgió a mediados del siglo XIX como respuesta a las **teorías** burguesas (**economía política**, **sociología clásica**, etc). Estas teorías habían surgido

con las **revoluciones burguesas** en **Inglaterra, Francia y Estados Unidos**, en los siglos
XVII y XVIII, con el fin de consolidar y defender al orden **capitalista**, amenazado por
los profundos cambios políticos, económicos y sociales que se produjeron a partir
de la formación de los **Estados modernos**
(aproximadamente desde el siglo XV) y la
Primera Revolución Industrial (aproximadamente desde 1750). Marx y **Engels** denun-
ciaron que las tres banderas de la **Revolución Francesa** de 1789 –Libertad, Igualdad
y Fraternidad- no se habían concretado. El
reemplazo del **feudalismo** por el capitalismo no había traído una sociedad más jus-
ta. Y la **clase obrera** -los **asalariados** o **proletarios**- sufrían una terrible explotación.
Marx y Engels estudiaron las bases del funcionamiento del capitalismo y las causas
de sus **crisis**, con la finalidad **política** de
organizar su derrocamiento. El MH criticó
al **materialismo burgués**, reivindicando la
existencia no sólo de una materia natural
sino de una materia social, hecha por los
hombres. Según **Gramsci**, esto significa que
para el MH la materia **subjetiva** y la objetiva interactúan, de modo que la materia
está social e históricamente organizada.
Según el **marxismo vulgar**, el MH tiene un
rol secundario, siendo la aplicación del
materialismo dialéctico (en su versión simplificada y deformada) a los **fenómenos** de
la vida social: el *hismat* sería la abreviatura
del MH, el elemento particular, siendo el
elemento dialéctico natural el elemento
universal. Pero para el **marxismo**, el MH
implica la transformación **dialéctica** del
mundo realizada por el hombre (ver también **estructura, superestructura** y **relaciones de producción**).

Materialismo vulgar: Ver **materialismo**.

Maximalismo: Posición **política** de máxima,
planteo extremo, revolucionario. En **Rusia**,
el término se aplicó a los **bolcheviques**.
Opuesto: **minimalismo**.

Mayo Francés (Francia, 22-3 al 12-5-1968):
Movimiento de protesta contra la autoridad y las **instituciones** encabezado por
estudiantes universitarios y apoyado por
diez millones de **obreros** en **huelga**, de
contenido anticapitalista. Cambiar el mundo significaba luchar contra el **poder**, pero
no sólo en su cúspide, sino también en las
costumbres establecidas, depreciando la
moral **burguesa** y planteando que la **represión** no se encontraba sólo en el garrote
policial sino en las costumbres cotidianas
de la **sociedad** francesa, burguesa, consumista y reprimida sexualmente. En este
marco, el MF puso en jaque al **gobierno** de
Charles **De Gaulle**. Algunas interpretaciones
ven las limitaciones del MF en su dirección
pequeño burguesa –su dirigente más conocido era Daniel Cohn Bendit, "Dany el
rojo"- y en el papel secundario de la **clase
obrera**. Con una mezcla de **Freud** y el **Che**
como **símbolos**, con banderas libertarias,
igualitarias, por momentos **anarquistas**,
el MF cuestionó las **estructuras políticas**
e ideológicas del **capitalismo** francés, pero
no conmovió sus cimientos al no plantear
la toma del poder. De hecho, De Gaulle
recompuso la situación al triunfar en las
elecciones convocadas al año siguiente.

Medios de producción: Bienes producidos
que se utilizan en la **producción** de otros
bienes. Pueden ser de duración limitada a
un solo período (**capital circulante** o **capital variable**, según la **economía clásica** o
el **marxismo**, respectivamente) o servir
para varios períodos (**capital fijo** o **capital
constante**). Son ejemplos del primero las

materias **primas** o los **salarios** y del segundo, las máquinas, herramientas, edificios, fábricas, etc.

Mencheviques: Voz rusa que significa "minoría". Los M eran el ala minoritaria y **reformista** del **Partido Obrero Socialdemócrata** ruso, hasta su división en 1903. Entre las **tesis** centrales de los M está la idea de que para comenzar la acción revolucionaria es necesario esperar el pleno desarrollo del **capitalismo** y del **proletariado** (planteo que posteriormente retomará el **stalinismo**). Según los M, se requiere una larga lucha **política** previa en el marco de una **democracia burguesa** (esto hacía imprescindible aumentar el número de seguidores). Con el triunfo de los **bolcheviques** en la **Revolución Rusa**, los M pasaron a un segundo plano y fueron oficialmente prohibidos en 1922.

Mercancía: Bien (o mercadería o **servicio**) que posee cierta utilidad y que se produce con el fin de ser intercambiado en el **mercado**. Toda M tiene un **valor de uso** –creado por el **trabajo concreto**- y un **valor de cambio** –vinculado al **trabajo abstracto**-. Según D. **Ricardo** y K. **Marx**, el **valor** de una M está determinado por la cantidad de **trabajo socialmente necesario** para producirla, medida objetiva que permite comparar e intercambiar diferentes valores de uso. Según Marx, la M engloba dos procesos: **proceso de producción** de valores de uso y proceso de creación de valor. La M **fuerza de trabajo** es la única M que –en la esfera de la **producción**- reproduce su propio valor y genera un **plusvalor**. De este modo, la forma **capitalista** de la producción de M es la suma del **proceso de trabajo** más el **proceso de valorización**.

Modo de producción: Modo en que los hombres producen lo necesario para vivir en un lugar y época determinados, a partir de una específica combinación de **fuerzas productivas** (estado de la **fuerza de trabajo** y la **tecnología**) y **relaciones de producción** (relaciones sociales humanas). **Marx** sostiene que mientras las fuerzas productivas puedan seguir desarrollándose, las relaciones de producción sostendrán una **estructura** de **clases** específica de cada MDP. Pero cuando esas relaciones se constituyen en una traba para ese desarrollo, esa contradicción abre una época revolucionaria que tarde o temprano desemboca en la formación de un nuevo MDP dominante. Todo MDP es una construcción ideal; en la realidad, junto con un MDP dominante, coexisten diversos MDP, más o menos desarrollados, conformando en su conjunto una **formación económico-social**. El antropólogo Maurice **Godelier** descubre en los escritos de Marx desde un original **comunismo primitivo (cazadores-recolectores)** y dos **MDP asiático** (el de los *Inka* y el eslavónico). Paralelamente a ellos, el **MDP germánico** (las tribus "bárbaras" que invadirán el **Imperio Romano**) y el **MDP antiguo** (griegos y romanos preclásicos); como desarrollo de este último el **MDP esclavista** (Grecia y Roma clásicas); como combinación del germánico y esclavista, el **MDP feudal**, y como desarrollo de éste, el **MDP capitalista**. El **MDP comunista** sería, según Marx, el **modelo** de organización social al que el hombre debe llegar.

Modo de producción antiguo (Karl Marx): Forma de **producción** de la Grecia y Roma preclásicas. El MPA sentó las bases del modo de producción esclavista.

Modo de producción asiático (siglos V-XV):

Forma de **producción** con una **economía agrícola**, con pequeñas unidades de producción y que, a la vez, contaba con un **Estado** y una **burocracia** centralizados –el **despotismo oriental**-, cuyo **poder** se basaba en la regulación de los suministros de agua y la realización de grandes obras públicas. Las condiciones del clima fueron la base para la clasificación de las civilizaciones hidráulicas, entre las que se encuentra la **India**. Los **incas** y los **mayas** parecen también haber adoptado este **modo de producción**. La unidad y estabilidad del MPA dependían de varios factores: **sistema** de producción, burocracia centralizada, **castas**, **religión**, etc. Algunos autores consideran al MPA como el equivalente asiático del **modo de producción feudal** y otros le niegan especificidad propia.

Modo de producción capitalista (siglo XV →): El **capitalismo** es un **modo de producción** en el que los instrumentos y utensilios, es decir, los **bienes** por medio de los cuales se realiza la **producción** –en definitiva, el **capital**- son de **propiedad privada** o individual. Esto implica la concentración de la propiedad en unas pocas manos y la carencia de propiedad por parte de la mayoría. Unos tienen y otros trabajan para aquellos que tienen. Ésta es la base del conflicto entre capital y **trabajo**, entre los que no trabajan y explotan el trabajo ajeno, contra los que trabajan para aquellos. La concentración de la propiedad genera una compulsión económica que obliga a los que no son propietarios a alquilarse a los propietarios, convirtiéndose en **asalariados**. Para que algunos vivan sin trabajar -los capitalistas o **burguesía**- otros –los trabajadores o **proletariado**- deben producir más de lo que ganan, más que el valor de su **fuerza de trabajo** (remunerada con el

salario) y ese "más valor" es el **plusvalor** o **plusvalía**, tal como lo llamó **Marx**, o el **excedente**, como lo denominó Adam **Smith**. Esa plusvalía es la base de la **acumulación de capital** con la que el sistema se reproduce. Los economistas burgueses han argumentado que los capitalistas aportan a la producción la maquinaria, del mismo modo que los trabajadores aportan su trabajo. Y que, supuestamente, sin el deseo capitalista de producir para ganar, no se podrían lograr avances técnicos o productivos. El marxismo sostiene que todo esto es falso: que el capitalista no aporta nada porque todo lo que existe como producción ha sido creado por la clase trabajadora y que la clase capitalista no hace más que parasitar a aquella. Históricamente, el MPC surge entre la segunda mitad del siglo XVI y comienzos del siglo XVII y se consolida como modo de producción dominante con la **Revolución Industrial**.

Modo de producción comunista: Ver **comunismo**.

Modo de producción esclavista (4.000 a.C.-siglo V): Forma de **producción** basada en el **trabajo forzado** de los **esclavos** en favor de su **clase** propietaria, los **amos** o **esclavistas**, propietaria de los **medios de producción** y de la **fuerza de trabajo**, a la que debía sostener. El MPE fue el primer **modo de producción** que se basó en la **propiedad privada** de los medios de producción. Características del MPE: **agricultura** como producción dominante, mano de obra esclava y -en el caso de la **esclavitud antigua**- **comercio** marítimo centrado en el Mar Mediterráneo, etc. El MPE se habría originado, según **Godelier**, en el **modo de producción antiguo**. La esclavitud fue el modo de producción sobre el que se asentó la riqueza, el bienestar y los logros de los hombres libres de la **Antigüedad** clásica. Más allá de algunos logros técnicos (método de soplado de vidrio, molinos giratorios para el grano), el crecimiento económico del MPE se basó en la expansión territorial, la conquista, el desarrollo comercial y el **trabajo forzado**, aunque el **excedente** era escaso. La civilización clásica greco-romana tuvo un carácter colonial: el crecimiento económico dependía de la conquista militar de **territorios** y esclavos. Como planteó Anderson, "Los campos de batalla proporcionaban mano de obra para los campos de cereales y, viceversa, los trabajadores cautivos permitían la creación de ejércitos de **ciudadanos**". Ejemplo del MPE es –además de las **ciudades-Estado** griegas y el **Imperio Romano**- la **colonización española** en América, que apeló también a formas esclavistas. El MPE declinó como forma dominante aproximadamente en el siglo V, con los inicios de la **Edad Media**, al constituirse en una traba para el **desarrollo** de las **fuerzas productivas**. Fue sustituido por el **modo de producción feudal**, pero diversas formas de esclavitud han existido hasta el siglo XX.

Modo de producción feudal (siglos V-XIV): Forma de **producción** basada en la **servidumbre**, el **trabajo forzado** de los **siervos** en favor de la **clase aristocrática** hereditaria propietaria de la **tierra**, la **nobleza**, a quien aquellos estaban obligados por la **coacción** física a entregarles parte de su producción en concepto de **tributo**. Fue el modo de producción dominante en la **Edad Media**. Las características del MPF son: escasa **población**, producción para el autoconsumo (**economía de subsistencia**), baja **división del trabajo**, sociedad encerrada en sí misma, casi incomunicada, poco intercambio comercial, ausencia de una autoridad política, militar y monetaria central –**soberanía** fragmentada-, formación de **feudos** (grandes tierras bajo el **poder** de señores **feudales**), una cultura religiosa **tradicionalista** que no permitía el cuestionamiento de las "verdades divinas", con un orden jerárquico inamovible y con la **Iglesia** Católica como máxima autoridad. **Godelier** plantea que el MPF habría surgido de la combinación del **modo de producción germánico** y el **modo de producción esclavista**. El crecimiento de las ciudades y el comercio a partir de los siglos XI a XIII tuvo que ver, en parte, con el deseo de los campesinos de liberarse de las cargas impuestas por los señores. En las ciudades -gobernadas por reyes y príncipes- el **señorío** no tenía peso, lo que daba a los habitantes libertades que atacaban las bases del feudalismo señorial. En esos **burgos** comenzó a formarse la **clase social** que siglos después provocaría el derrumbe del MPF: la **burguesía**. (Ver también **feudalismo**).

Modo de producción germánico (Maurice Godelier): Forma de **producción** que **Godelier** adjudica a **Marx**. El MPG habría sido desarrollado por las **tribus bárbaras** que invadieron el **Imperio Romano**.

Modo de producción tributario (siglos V-XV): Forma de **producción** en la cual al productor se le daba acceso a los **medios de producción**, a la vez que -por medios políticos o militares- se le sacaba un **tributo**. Wolf plantea que **Marx** distinguió dos formas de MPT. En algunos casos, grandes regiones **agrícolas** estaban en manos de **Estados** –controlados por gobernantes políticos o militares– sustentados en la extracción de **excedentes** producidos por estos productores primarios. En los casos en que existía un **gobierno** centralizado fuerte, éste ponía límites a las diversas organizaciones (**gremios**, fincas, ligas o sectas religiosas). Al contrario, cuando los elementos estratégicos de producción y los medios de **coerción** estaban en manos de recolectores locales, el poder central era débil. En este caso, se producían luchas faccionales que permitían a la *élite* central sobrevivir mediante la estrategia de "divide y triunfarás". Estas dos situaciones corresponden a los conceptos **marxistas** de "**modo de producción asiático**" (Asia) y "**modo de producción feudal**" (Europa), variantes del MPT.

Movimiento 26 de julio (Cuba, 12-6-1955 / 3-7-1962): Agrupamiento opositor a la **dictadura** de F. **Batista** en **Cuba** y cabeza de la **Revolución Cubana** de 1959. El M26J –llamado así en homenaje al **Asalto al Cuartel Moncada**, el 26 de julio de 1953- estaba compuesto por sectores **nacionalistas, anarquistas, católicos, comunistas,** etc. En 1962 se fusionó con el Partido Socialista Popular y el Directorio 13 de marzo formando las Organizaciones Revolucionarias Integradas, Partido Comunista desde 1965.

Mundialización: Según algunos autores como B. Coriat, etapa productiva que va desde el final de la **Segunda Guerra Mundial** hasta la década de 1970, caracterizada por el reemplazo de las tradicionales **empresas multinacionales** por nuevas compañías **transnacionales.** Los resultados más importantes de la M serían: a) la pérdida de autonomía y de capacidad de influencia de los agentes y políticas nacionales respecto de las decisiones de las empresas transnacionales, b) la imposibilidad o enorme dificultad para determinar la identidad nacional de las empresas, c) la alteración de la relación de fuerzas entre el **capital** y el **trabajo** a escala planetaria, en favor del primero, ya que la brecha entre la movilidad internacional del primero y el anclaje nacional del segundo se amplía y, d) el **Estado-Nación** ya no aparece como promotor de la internacionalización del **capital,** sino como un obstáculo para la M. La M sería posterior a la **internacionalización** y anterior a la **globalización.**

Muro de Berlín (Alemania, 13-8-1961 / 9-11-1989): Construcción de cemento y hormigón de cuarenta kilómetros de extensión montada en la frontera entre Berlín occidental y Berlín oriental por parte de **Alemania** del Este en el marco de la **Guerra Fría,** con el fin de detener la influencia de la propaganda capitalista proveniente de **Alemania** Federal sobre su **población** y evitar un éxodo que ya sumaba más de dos millones y medio de personas desde 1945. El MB –conocido como "la **cortina de hierro**"- se convirtió en un **símbolo** de la opresión **política** del régimen **stalinista,** dado que impedía la salida del país de los disidentes y otorgaba a **Occidente** la oportunidad de propagandizar el anticomunismo en el mundo. En 1989, el MB fue derribado por los propios alemanes orientales, lo que derivó en la disolución de **Alemania** Oriental, la reunificación del país el 3 de octubre de 1990 y la restauración del **capitalismo** en el este.

N

Nación: Conjunto de hombres que, viviendo dentro de un mismo **territorio,** están unidos por una misma **cultura** e **historia,** y algunos rasgos en común (**lengua, raza,**

religión, etc, aunque no todos necesariamente), reconocen un mismo origen y persiguen un mismo destino. El **término** tiene un origen moderno, al menos en la acepción actual; anteriormente, una persona se reconocía como perteneciente a una religión o a una región, pero no a un país. Así, alguien podía auto-identificarse como cristiano o como borgoñés, pero no era probable que se definiera como francés. La suma de un territorio y una **población** unidos por lazos comunes conforma una N, lo cual significa que no se trata de un **concepto** político ni jurídico –a diferencia del concepto de **Estado**- sino sociológico, aunque la confluencia de ambos conceptos ha dado lugar históricamente al Estado nacional. Por otra parte, existen N sin Estado –los judíos antes de la formación del Estado de **Israel**, los armenios, los vascos-, N dispersas en distintos Estados –los gitanos, los árabes- y Estados plurinacionales –como la Federación Rusa-. La **Revolución Francesa** fue la que implantó la idea del **Estado-N** (ver) por encima de las divisiones sociales de **clases** y privilegios **feudales**. El **marxismo** ha cuestionado el uso ideológico de la N por parte de la **burguesía**, acusando a ésta de ocultar detrás del interés nacional común, su interés de clase. De allí que el marxismo se defina como internacionalista, es decir, en defensa del interés internacional de la **clase obrera**, por encima de las diferencias nacionales. De todas formas, la **política** de los **comunistas** en el **poder** tras la **Revolución Rusa** fue la de respetar las nacionalidades, reivindicando su derecho a la independencia, defendiendo además el carácter progresivo de las naciones oprimidas en su enfrentamiento con los **nacionalismos imperialistas**. (Ver también **nacionalismo**).

Nacionalismo (fines del siglo XVIII →): **Doctrina** que reivindica las características comunes de una **comunidad** nacional, por encima de las diferencias de **clase**. El N abarca una gama amplia y heterogénea de movimientos. Surgió con la **Revolución Francesa** y se consolidó en las primeras décadas del siglo XIX en Europa, como reacción frente al **expansionismo** de **Napoleón**, por lo general ligado al **liberalismo**, en oposición al concepto de un **imperio** universal y a las lealtades propias del **feudalismo**. El N impulsó las unificaciones de **Italia** –a través de la prédica de Giusseppe **Mazzini** y **Alemania**, la formación de nuevos **Estados** luego de la desaparición de los imperios austro-húngaro, ruso y otomano, la independencia de Irlanda y el desmembramiento del Imperio español en **América**. También se expresó a través de movimientos independentistas en Cataluña, el País Vasco, Gales, Armenia y Albania, entre otros. En las décadas de 1920 y 1930 aparecieron N anti-liberales y autoritarios, con connotaciones racistas y *chauvinistas*, como el **fascismo** y el **nazismo** y desde la década de 1930 se desarrollaron los N **populistas** y/o anti-colonialistas y antiimperialistas en América Latina, Asia y África. El **marxismo** ha identificado al N con el interés nacional de la **burguesía** y –en el caso de las naciones oprimidas- ha planteado la necesidad de incorporar la tarea nacional a la estrategia **socialista**, dada la incapacidad burguesa para enfrentar en forma consecuente al **imperialismo**. Desde la década de 1980 el rol del N ha sido cuestionado desde la perspectiva de la **globalización**, aunque –por el contrario- algunos enfoques sostienen que la exacerbación de algunos movimientos nacionalistas se produce –precisamente- como reacción a esa tendencia globalizadora.

Nacionalización: **Expropiación** de una **empresa** de **capital** privado por parte del **Estado.** La N o **estatización** puede desarrollarse dentro de los marcos del régimen social imperante –por ejemplo, las N **burguesas,** como las implementadas por el **peronismo** en la **Argentina** o por **partidos socialdemócratas** en el marco del **Estado de Bienestar Keynesiano** en Europa– o bien formar parte de un **proceso** de transformación social –como fue en el caso de la **Revolución Rusa**–. Opuesto: **privatización.**

Neomarxismo (1945 →): Corriente de intelectuales que propuso un replanteo del **marxismo** a partir de la experiencia del **stalinismo.** Inspirado en la necesidad de retornar a los postulados libertarios de **Marx,** algunos de los representantes del N viraron hacia posiciones reformistas y en algunos casos abiertamente **capitalistas.** Se destacan los teóricos de la **Escuela Crítica,** Maurice Dobb, Paul Sweezy, Henri Lefèbvre, Jürgen **Habermas** y Claus Offe.

NEP (U.R.S.S., 1921-1928): Nueva Política Económica, política de **desarrollo** de la **economía** soviética implementada durante el **gobierno de Lenin** por decisión del X Congreso del **Partido Comunista** ruso. La N se basó en la **explotación agrícola** para –recién en una segunda etapa– expandir la **industria.** Significaba reintroducir –tras la etapa del **comunismo de guerra**– el pequeño **capital** privado y el **comercio** privados, bajo control estatal. Sus ejes eran: enfrentar el aislamiento de **Rusia** –boicoteada por los países **capitalistas**–, frenar los disturbios y levantamientos ocasionados por la escasez de alimentos, mejorar la deteriorada relación entre el **Estado** y los **campesinos** –en particular los *kulaks*– y lo más importante, desarrollar la **agricultura** como base del despegue económico, ya que se consideró que la **industrialización** acelerada, en un país con más del 80 % de la **población** en el campo, resultaba inviable. El mecanismo que se utilizó fue el de promover la comercialización libre de la **producción agraria,** retornando ciertas herramientas de **mercado** propias del **capitalismo,** dando mayor margen de maniobra a los campesinos y con un movimiento menos controlado de la mano de obra. La idea era que la industria proveyese al campo de máquinas, herramientas y **bienes de consumo.** Así, los revolucionarios pactaron con los campesinos una relativa desnacionalización y el fomento de la pequeña propiedad y formas **cooperativas,** en lo que Lenin llamó "capitalismo de Estado". El resultado fue bueno, ya que cuatro años después la agricultura se recuperó y la industria experimentó cierto progreso, aunque siguió siendo atrasada. Los medianos propietarios, llamados *kulaks,* se beneficiaron y enriquecieron con el aumento de la producción, ya que contaban con las mejores **tierras.** Entre los defensores de la NEP se destacó N. Bujárin y entre sus opositores, Preobrazhensky. A la NEP le siguió la **colectivización forzosa** y el Primer Plan Quinquenal, implementadas a partir del XV Congreso (1929), ya con **Stalin** en el **poder.**

Nomenklatura (U.R.S.S., 1924-1991): Término que designa a la **burocracia** que se apoderó del **Estado obrero** surgido de la **Revolución Rusa** de 1917 y que se convirtió en el sector social privilegiado dado su control sobre los recursos nacionales. La *N* se componía de los dirigentes del **PCUS,** cuyos miembros disponían de todo tipo de privilegios, en contraste con las limitaciones materiales que sufría la mayor parte de la **población** (ver también **stalinismo** y **nueva clase**).

Nueva clase (Milovan Djilas): Designación de la **burocracia** de funcionarios, gerentes e intelectuales del **Estado** y sus **empresas** o del **Partido Comunista** en los regímenes **stalinistas**, en particular en la ex **U.R.S.S.** Según Djilas, esta *élite* –también llamada *nomenklatura*– conformaría una NC dominante por sus elevados ingresos y su **poder** de decisión **política**. Esta visión ha sido criticada desde el **marxismo** ya que no podría hablarse de **clases sociales** en **sociedades** donde no existe la **propiedad privada** de los **medios de producción**. Siguiendo los planteos de **Trotsky**, los analistas marxistas sostienen que esa burocracia privilegiada conforma no una clase sino una **casta** que parasita a un **Estado obrero** en **proceso** de degeneración.

Nueva izquierda (década de 1960 →): Conjunto de expresiones críticas del **stalinismo**, por lo demás de composición muy heterogénea. Formaron parte de la NI intelectuales y artistas que rompieron con los **partidos comunistas** de sus respectivos países, planteando una humanización y democratización del llamado "**socialismo real**". Aunque la mayoría reivindicaba la vigencia del **marxismo**, muchos de ellos adhirieron con el tiempo a posiciones pro-capitalistas, en especial vinculándose con la **socialdemocracia**. También pertenecieron a la NI otros grupos no vinculados necesariamente con el marxismo, como la **Teología de la Liberación**, el **ecologismo**, el **anarquismo**, el **pacifismo**, el **foquismo**, etc. El contexto histórico en el que surgió la NI estuvo signado por algunos hechos clave: la **Revolución Cubana**, la construcción del Muro de Berlín, el **Mayo Francés** (Marcuse), la **Primavera de Praga**, etc (ver también **neomarxismo** y **Escuela de Frankfurt**).

Obrero: En un sentido restringido, el O es el **trabajador manual** de la **industria**. En un sentido amplio, O es el que pertenece al **proletariado**. También puede utilizarse esta denominación para referirse a todo **trabajador asalariado** que vende su **fuerza de trabajo** a un **capitalista**. Según su nivel de capacitación y especialización laboral, existe el O **calificado** y el O **no calificado**.

Obrero calificado: **Obrero** que realiza tareas intelectuales, administrativas o manuales combinadas con el uso de máquinas y cuyos **conocimientos** requieren una preparación o estudios previos. Opuesto: **obrero no calificado**. En términos generales, el OC se identifica con el **trabajador de cuello blanco**.

Obrero no calificado: **Obrero** que realiza tareas manuales muy elementales, sin que las mismas requieran preparación o estudios previos. Opuesto: **obrero calificado**. En términos generales, el ONC se identifica con el **trabajador de cuello azul**.

Octubre: Expresión que hace referencia a la **Revolución de Octubre** de 1917 en **Rusia**.

Oposición de Izquierda (U.R.S.S., 1926-1935): Nucleamiento de los dirigentes comunistas críticos del **régimen stalinista**. La ODI fue el último intento de hacer retornar a la **U.R.S.S.** al rumbo **comunista** propuesto por **Lenin** en los primeros años de la

Revolución Rusa. Sus principales dirigentes
–entre ellos **Trotsky** y **Zinoviev**– fueron per-
seguidos y asesinados por **Stalin.**

P

Partido Bolchevique: Ver **bolcheviques.**

**Partido Comunista de Rusia / Unión Soviéti-
ca (PCUS) (U.R.S.S., 8-3-1918 →):** Organización **política** liderada por V. **Lenin** y L. **Trotsky** que sucedió al **Partido Bolchevique** tras
la **Revolución Rusa,** estrictamente formada
en toda la unión en 1925. Inicialmente
marxista, el **PCUS** viró hacia el denominado **stalinismo** (de hecho, la denominación
PCUS es de 1952), dejando de lado los objetivos iniciales (**dictadura del proletariado,
revolución socialista** internacional, etc) y
constituyendo el **aparato** político de la **burocracia** dictatorial que gobernó la **U.R.S.S.**
durante siete décadas. Persiste en diversas
ex repúblicas soviéticas, **Rusia** entre ellas.

Partido Menchevique: Ver **mencheviques.**

**Partido Obrero Socialdemócrata (Rusia,
1898-1903): Partido** creado por un grupo de
exiliados rusos **marxistas.** Sostenían que
el **proletariado** industrial poseía capacidad
revolucionaria (los **populistas,** en cambio,
proponía una **revolución campesina**), aunque **Rusia** era un país atrasado, con poco
desarrollo capitalista. En 1903 se dividió en
bolcheviques y **mencheviques.**

Partido político: Según la definición más
común de la **Ciencia Política** el PP es
una **asociación** de **individuos** de carácter
permanente, que agrupa a una parte de
la ciudadanía unida por un conjunto de
ideas **políticas** o intereses comunes, con
la finalidad de conquistar el **poder** para
aplicar esas ideas o satisfacer esos intereses, o de controlar el ejercicio del poder
para que la **acción** de los gobernantes se
aproxime lo máximo posible a ellos. Para
Weber, los PP son asociaciones volun-
tarias cuyo fin es la conquista o conser-
vación del poder. Poseen tres características: a) el reclutamiento formalmente
libre, b) con el fin de dar poder a sus dirigentes y, c) para obtener beneficios ideales o materiales. **Sartori** define al PP como
"cualquier **grupo** político identificado con
una etiqueta oficial que se presenta a las
elecciones, y puede sacar en elecciones
(libres o no), candidatos a cargos públicos." Sostiene que los partidos no son
facciones, que cada partido es parte de
un todo y que son conductos de expresión
de las exigencias del **pueblo.** Si bien hay
antecedentes antiguos –como las facciones entre los senadores romanos- autores
como La Palombara y Weiner describieron
su surgimiento en relación con el proceso de **modernización** de las **sociedades.**
Bolingbroke los diferenció de las facciones, prefiriendo a aquellos por estar más
cerca de representar un interés nacional
que éstas, ligadas a intereses personales.
Pero incluso aún en la **Revolución Francesa** los PP (en un sentido moderno, los
girondinos y los **jacobinos** lo eran) eran
vistos –por ejemplo, por J. J. **Rousseau** o
Condorcet- como un factor de división y
enfrentamiento, nocivos para la unidad
nacional. Es decir que se identificaba a
los PP con facciones. En esa época, fue E.
Burke el primero en verlos como posibles
representantes de un interés nacional.
Históricamente, el nacimiento formal de
los PP modernos se da con el *Reform Act*
(reforma electoral inglesa en 1832), bajo

el formato de **partidos de notables**, que se hicieron **partidos de masas** en el siglo XIX con la irrupción en el mundo de la política de la **clase obrera**. En el siglo XX se fue consolidando el **partido electoral** o *catch all party*. Desde un punto de vista **marxista**, **Gramsci** impugna las visiones anteriores –que identifican a los partidos con un interés general- y sostiene que cada PP sostiene un **programa** que expresa el interés de una **clase social**, incompatible con el interés de la clase antagónica. Para Gramsci, el PP es un intelectual colectivo, el "príncipe moderno".

Partido Socialdemócrata Alemán (PSD) (Alemania, 9-8-1869 →): Partido de origen **obrero** y de tendencia mayoritariamente **marxista** hasta 1890. Entre fines del siglo XIX y principios del siglo XX llegó a ser una **organización** de **masas**. La creciente **política** parlamentarista y el apoyo a la **burguesía** alemana en el marco de la **Primera Guerra Mundial** provocó la **escisión** del ala **izquierda**, que terminó formando el **Partido Comunista**. Desde que asumió el **gobierno** en la **República de Weimar** en 1919, el PSD evolucionó hacia posiciones **reformistas** y procapitalistas, abandonando prácticamente por completo los planteos marxistas originarios.

Partido Socialdemócrata de los Trabajadores Rusos: Ver **Partido Obrero Socialdemócrata.**

Paz de Brest Litovsk (Alemania-Rusia, 3-3-1918): Tratado que puso fin a la **guerra** entre **Rusia** y **Alemania**, firmado por León **Trotsky** y **Guillermo II**. La **Rusia** soviética renunció **territorios** y pagó indemnizaciones con el objetivo de concentrar sus esfuerzos en la construcción del **socialismo**.

PCUS: Ver **Partido Comunista de la Unión Soviética.**

Pequeña burguesía: Clase social que en el **capitalismo** ocupa una posición intermedia entre la **burguesía** y el **proletariado**. Llamada también "**clase media**". La PB tradicional se forma de: 1) quienes, teniendo **medios de producción** y empleando **fuerza de trabajo**, se definen básicamente por su propio trabajo y, 2) propietarios de medios de producción que no emplean mano de obra **asalariada**. Pero dentro de la PB tenemos además una amplia gama de sectores no propietarios, como: 1) asalariados que tienen funciones de mando intermedias (capataces, controles de calidad, supervisores, etc), 2) asalariados con un saber especializado (técnicos, ingenieros, etc), de los que el **capital** extrae su conocimiento, 3) no asalariados, que tienen cierto control sobre sus condiciones de trabajo (profesionales liberales, como abogados o médicos independientes). Así, aunque un rasgo de la PB es la pequeña propiedad, hay sectores sociales no propietarios e incluso de asalariados que tienen determinado nivel de instrucción o **cultura**, que lleva a considerarlos como parte de la PB. Sin embargo, para algunos autores es incorrecto considerar como miembros de la PB a algunos de estos sectores (como, por ejemplo, los **trabajadores de cuello blanco**).

Pequeña producción mercantil (Karl Marx): Sociedad en la que ya no sólo se produce para la subsistencia (**sociedad primitiva**) sino que se genera un **excedente**, una **mercancía** que se vende con el objetivo de conseguir **dinero**, de modo que permita volver a producir una mercancía, a vender en el **mercado**. **Marx** sintetizó este esquema con la fórmula M-D-M (mercancíadinero-mercancía). Típica de la actividad del **campesino** y el **artesano**, la PPM fue desplazada por el **capitalismo** y el esquema mencionado se invirtió, derivando en la **fórmula general del capital**, donde –como sintetiza E. Mandel- ya no se vende para comprar, sino que se compra para (producir y) vender.

Perestroika (U.R.S.S., 1-3-1985): **Proceso** de apertura del **régimen** soviético tras la muerte de Leonid **Brezhnev** en 1982. Luego de los mandatos de Y. Andropov y K. Chernenco, en 1985 la nueva correlación de fuerzas en el **PCUS** favoreció a los sectores reformistas que nombraron a Mijail **Gorbachov** como Secretario General del **partido** (1985-1991). La *P* planteó la reestructuración del **totalitarismo stalinista** y proclamó la *glasnost* (transparencia) en la gestión. Sin embargo, la *P* terminó siendo un eslabón para facilitar la restauración del **capitalismo** en el país y la desaparición de la propia **U.R.S.S.**

Playa Girón (Cuba, 17-4-1961): Lugar de **Cuba** en que fueron derrotadas las tropas invasoras norteamericanas enviadas por el **Presidente** J. F. **Kennedy**, que intentaban derrocar al **gobierno** revolucionario encabezado por Fidel **Castro**. Luego de PG, Castro declaró el carácter **marxista-leninista** de la **Revolución Cubana**. (Ver también **Bahía de los Cochinos**).

Plejanov, Georgy Valentinovich (1856-1918): Político ruso, traductor del ***Manifiesto Comunista*** y otras obras de **Marx** y **Engels**. En 1883 formó el primer grupo ruso **marxista**, "Liberación y **Trabajo**"y en 1900 publicó el periódico *Iskra* (*Chispa*) junto con **Lenin**. Cuando en 1903 se produjo la división entre **bolcheviques** y **mencheviques**, optó

por estos últimos y se opuso a la **Revolución Rusa**.

Plustrabajo (Karl Marx): Parte del **trabajo** en la que el **obrero** produce **plusvalía**. **Trabajo excedente.**

Plusvalía (Karl Marx): Uno de los componentes del **valor** –junto con el **capital constante** y el **capital variable**–. Es la diferencia entre el valor de la **mercancía fuerza de trabajo** que el **capitalista** adquiere por su **valor de cambio** y el valor que el **obrero** crea cuando se pone a trabajar –**valor de uso**, mayor que el valor de cambio-. Es así la parte del **trabajo** producido por el **trabajador** que el capitalista se apropia sin dar retribución alguna, y es también la forma monetaria del **producto** social excedente. La P se produce porque el trabajo del obrero se divide en dos partes: en la primera, el trabajador reproduce su propio valor –cobra un **salario** que le permite comer, vestirse y volver a la **fábrica** cada día-. Este es el valor de la fuerza de trabajo, representado por el salario. En la segunda parte, el obrero produce un valor que supera su propio valor: un plus-valor o plus-valía (cuyo significado es "más valor"). Veamos un ejemplo: supongamos que un capitalista dueño de una cadena de hoteles internacionales, contrata a un cocinero para que haga tortas en uno de sus hoteles. Lo contrata por 12 horas diarias, por $ 800. Es decir que –en principio- 12 horas de su fuerza de trabajo valen $ 800. En las primeras 6 horas de su jornada de trabajo, el trabajador asalariado produce el equivalente en tortas a lo que él necesita para comprarse ropa, comer y mantener a su familia. En esa mitad de la jornada de trabajo, el obrero produce el equivalente al valor de su fuerza de trabajo. Es decir, que produjo tortas por $ 800. De otro modo, no se explicaría que comprando huevos, harina, azúcar y fuerza de trabajo, digamos por $ 1200, el capitalista obtenga ganancia. Si los huevos, la harina y el azúcar le costaron $ 400 y el obrero $ 800, el capitalista vende las tortas en el mercado por $ 1600, quedándose con una ganancia de $ 400. ¿De dónde salió la **ganancia?** Los huevos, la harina y el azúcar sólo reproducen su valor en el valor final de la torta. De modo que sólo la fuerza de trabajo agrega un valor mayor al propio. La ganancia de la clase capitalista se basa en la extracción de P a la clase obrera, es decir, en la **explotación** del trabajo ajeno. Del ejemplo del cocinero, nos quedan las 6 horas restantes: el resto de la jornada producirá otro tanto, es decir, tortas por un valor de $ 800, sin recibir nada a cambio. En la otra mitad de la jornada de trabajo, el obrero produce el **plusvalor** que se apropia el capitalista. Así, el valor de la fuerza de trabajo es $ 800, pero el valor del trabajo es $ 1.200 ($ 1.600 - $ 400 de **materias primas** para hacer la torta, **depreciación** de máquinas y herramientas, etc). Los $ 400 restantes son un valor que el cocinero produjo gratis para el dueño del hotel, que lo acumula como **capital.** De este modo, vemos que esa P le permite al capitalista acumular capital, comprar nuevas mercancías y reiniciar el ciclo, explotando de nuevo a la fuerza de trabajo. El capital es trabajo humano acumulado que se usa para explotar más trabajo humano y de ese modo acumular más y más. Existen dos formas: **P absoluta** y **P relativa.** La P es la base fundamental del **modo de producción capitalista.**

Plusvalía absoluta (Karl Marx): Tipo de **plusvalía** consistente en la prolongación de la jornada de **trabajo** de modo que el **traba**jador produce más en términos absolutos sin recibir aumento de **salarios** (o recibiendo una menor proporción). La PA solamente afecta la duración del trabajo, mientras que la **plusvalía relativa** (ver) transforma los procedimientos técnicos.

Plusvalía relativa (Karl Marx): Tipo de **plusvalía** en el que el **trabajador** produce más en términos relativos, produciendo más en igual período de tiempo, lo que implica un aumento de la intensidad y de la **productividad** del **trabajo** (por ejemplo, cuando se acelera la velocidad de una cinta transportadora para que el **obrero** incremente su ritmo de **producción**). Ocurre cuando -como efecto de alguna innovación tecnológica- disminuye el **tiempo de trabajo socialmente necesario** o tiempo social medio que el obrero utiliza para su propia reproducción (el **trabajo necesario**) y por ende aumenta la parte de la jornada de trabajo en la cual produce **plusvalía** (el **trabajo excedente**).

Plusvalor: Ver **plusvalía.**

Populismo: Doctrina y movimientos que plantean la defensa de los intereses del **pueblo,** entendido como una unidad nacional por encima de las **clases sociales** y enfrentada a los intereses de una *élite* "**cipaya**" aliada al interés extranjero. Se dice por ello, que el P es nacional, popular y **policlasista.** También llamado **nacionalismo popular,** el P no se plantea transformaciones sociales profundas sino **reformas** dentro del orden social **capitalista.** El P se caracteriza por liderazgos carismáticos con apoyo de **masas** trabajadoras no delimitadas como clase independiente. A. Rouquié lo define como una **dictadura** demagógica que se apoya en las clases populares urbanas, que siguen en forma irracional a un **líder carismático**. En este sentido, el P implicaría también la incorporación de las masas al orden político y social, realizada desde el **Estado**, es decir, con masas que carecen de independencia. El P es criticado desde el **marxismo**, que lo ve como una "vacuna anti-revolucionaria", que moviliza a las clases que pueden amenazar al **sistema** dominante –particularmente a los **obreros**- pero no para la **revolución** sino -al contrario- para mantener la **dominación** de clase. En este sentido, **Perón** decía "ceder algo para no perderlo todo", "la revolución antes de que la haga el pueblo" o "perder un centavo para ganar un peso". También es atacado desde el **liberalismo** -ya que el P se caracteriza por su desdén hacia la **política** parlamentaria e institucional- y por las visiones **conservadoras** elitistas u oligárquicas. Para Przeworski y Wallerstein, el Estado populista es la versión del **Estado de Bienestar** keynesiano en la **periferia capitalista**. Aunque pueden rastrearse antecedentes en los P ruso y norteamericano del siglo XIX, es en América Latina donde el P se desarrolló con mayor profundidad en las décadas de 1930 y 1940 (también con antecedentes en el siglo anterior), con proyectos industrialistas dirigidos desde el Estado basados en la **sustitución de importaciones** y cierta distribución de la riqueza, bajo fuertes liderazgos carismáticos (por ejemplo, J. Perón, G. **Vargas**, L. **Cárdenas** y el **aprismo** peruano).

Poulantzas, Nicos (1936-1979): Sociólogo marxista griego, especialista en **Sociología Política**. Con influencias de A. **Gramsci** y L. **Althusser**, osciló entre un **marxismo** humanista y el **estructuralismo**. Realizó un renombrado debate acerca de la naturaleza del **Estado** con Ralph Miliband. Entre sus obras principales encontramos a: *Poder político y clases sociales* (1968).

Práctica (Pierre Bourdieu): Ejecución o puesta en acto del *habitus*.

Praxis: Transformación material de la realidad hecha por el hombre. Conjunto de las prácticas sociales o unidad **dialéctica** entre la realidad y el pensamiento. El **concepto** surgió de la crítica de **Marx** a Feuerbach, donde denunció como estéril a la **teoría** sin consecuencias concretas y ciegas a las prácticas sin la guía de la teoría. L. **Althusser** entendió que el pensamiento en sí es P, acuñando el concepto de "práctica teórica", visión no demasiado aceptada en el campo **marxista**.

Presidium **(U.R.S.S., 1918-1991):** Órgano de dirección del Comité Central del **PCUS** y del **Parlamento** soviético.

Primavera de Praga (Checoslovaquia, 1968): Período de reformas y movilizaciones populares en reclamo de libertades democráticas y un **"socialismo con rostro humano"**. Su líder fue Alexander Dubcek, Secretario General del **Partido Comunista** checo. El intento de un **socialismo** no **stalinista** fue abortado por la invasión del país por las tropas soviéticas el 20 de agosto, que reimplantó en el país al **régimen** anterior, castigando a los disidentes.

Primer Plan Quinquenal (U.R.S.S., 1929-1933): Plan económico implementado por **Stalin** en reemplazo de la NEP y que acompañó a la política de **colectivización forzada** del campo. El PPQ dio primacía a la **industria** por sobre la **producción agropecuaria** -en particular a la **industria pesada**- logrando un crecimiento en las industrias de máquinas herramientas y **bienes de capital**, una notable reducción del **desempleo** en la industria y una capacitación de los **trabajadores**. Sin embargo, no mejoró los niveles de vida de la **población** -al desalentar la producción de **bienes de consumo**- ni solucionó el problema de la vivienda.

Primera Internacional (28-9-1864 / 15-7-1876): Organización internacional de los **trabajadores**, fundada por algunos **sindicalistas** ingleses y **activistas anarquistas y marxistas**, con el objetivo de superar las limitaciones de las luchas **obreras** pasadas, particularmente las derrotas en las **revoluciones de 1848**. Un sector concibió a la PI como una organización para presionar a los **patrones** de todos los países, apoyando las **huelgas** obreras (ver **sindicalismo**, *tradeunionismo* y *espontaneísmo*). Otros plantearon la emancipación de los trabajadores, cuya primera etapa pasa por la educación política de las **masas**. Uno de los dirigentes de la PI fue Karl **Marx**, que planteaba una crisis próxima del **sistema capitalista**, pero criticaba la violencia indiscriminada, la acción voluntarista, el golpe de mano, propio de algunos grupos anarquistas. Para Marx, el **proletariado** debía constituir un **partido** propio, intentar mejorar en lo inmediato la condición obrera y preparar la toma del **poder** a través de una **revolución** política, mediante la formación teórica de los militantes, ya que –dijo– "**La emancipación de los trabajadores debe ser obra de los propios trabajadores**". La derrota de la **Comuna de París** en 1871 acentuó las diferencias acerca de la necesidad de crear un **partido obrero**, lo que provocó el alejamiento de los anarquistas. La PI llegó a tener varias decenas de miles de afiliados, pero no pudo sobrevivir a esas diferencias entre marxistas y anarquistas –influidos por **Proudhon** y **Bakunin**-.

1º de mayo (EE.UU., 1886): Movimiento huelguístico de la **clase obrera** norteamericana en reclamo de las ocho horas de **trabajo**. Las **huelgas** –quizá las más importantes de la **historia** del país hasta entonces- fueron duramente reprimida en Chicago y sus dirigentes fueron condenados a la horca, a quienes se conoce como los "**Mártires de Chicago**". En 1899, la **Segunda Internacional** instituyó al 1M como un día de lucha para los **trabajadores** de todo el mundo, en homenaje a aquellos **obreros** asesinados.

Príncipe moderno (Antonio Gramsci): Denominación que utiliza **Gramsci** para referirse al **partido político** revolucionario –con la **hegemonía** de la **clase obrera**, capaz de unificar detrás de un proyecto nacional y en base a una **dirección intelectual y moral**, a las **clases sociales** oprimidas–. Gramsci adopta la concepción del "príncipe" de **Maquiavelo**, quien había planteado que el rol del Príncipe en la **Italia** de su época era el de unificar el **Estado** bajo la dirección de la **burguesía**, combatiendo a la **nobleza** y a la **Iglesia**. Así, si el príncipe de Maquiavelo es un **individuo** que expresa el interés de la **clase** burguesa y sus aliados contra el **feudalismo**, el PM de Gramsci es una **organización** colectiva que expresa el interés de la clase obrera y sus aliados contra el **capitalismo**, impulsando una "reforma intelectual y moral": la revolución **socialista**.

Proceso de formación de valor (Karl Marx): Fase de la **producción capitalista** en la que el **trabajador** produce un **valor** equivalente a su propia reproducción, es decir, al **salario** o **precio** de la **fuerza de trabajo** que le paga el capitalista. Todo lo que exceda al PCV es el **proceso de valorización** (creación de **plusvalor**). También llamado **proceso de creación de valor**.

Proceso de producción capitalista (Karl Marx): Forma **capitalista** del **proceso de producción de mercancías**, consistente en la suma del **proceso de trabajo** y el **proceso de valorización**.

Proceso de producción de mercancías (Karl Marx): Suma del **proceso de trabajo** y el **proceso de formación de valor**.

Proceso de trabajo: Es aquel por medio del cual el hombre crea y confecciona los **productos** que le permiten satisfacer sus necesidades y deseos. Está formado por la articulación de la **fuerza de trabajo**, la **materia bruta** o **materia prima** y los instrumentos de **trabajo**. **Marx** lo definió como la actividad racional o trabajo útil, encaminado a la producción de **valores de uso** mediante el intercambio de materias entre la naturaleza y el hombre. En el caso del PDT **capitalista**, el objetivo del capitalista es producir valores de uso que posean a su vez **valor de cambio**, es decir, que sean **mercancías**.

Proceso de valorización (Karl Marx): Fase de la **producción capitalista** en la que se crea la **plusvalía**, proceso de formación de valor que a partir de determinado punto excede la reproducción de la **fuerza de trabajo** y genera un **plusvalor**, no remunerado por el **capitalista** y fuente de la **acumulación de capital**.

Procesos de Moscú (U.R.S.S., 1936-1938): Conjunto de **juicios** a los que el régimen **stalinista** sometió a importantes dirigentes del **PCUS**, algunos de ellos líderes en la **Revolución Rusa** de 1917. Con acusaciones falsas de desarrollar actividades contrarrevolucionarias, los PM sirvieron a **Stalin** para asesinar a sus principales opositores políticos en el país –con la excepción de León **Trotsky**, exiliado en **México**, asesinado poco después-.

Producción: Proceso de transformación social de la naturaleza a partir de la intervención del **trabajo** humano. Proceso mediante el cual los **factores de producción** se combinan entre sí para producir los **bienes** y **servicios** que desea la **población**. La P puede medirse en unidades físicas -o unidades de servicios idénticos- o en términos de **valor** -es decir, todo lo que se produce involucra la creación de un valor, desde un zapato a una computadora o a una obra de teatro-. Para el punto de vista **marxista** ver **modo de P** y **relaciones de P**.

Productividad: Relación entre lo obtenido tras un **proceso** productivo y los **factores de producción** utilizados en el mismo. La P –como la **producción**- puede medirse en unidades físicas producidas en determinado tiempo por unidad de **insumo** –por ejemplo, piezas por hora-hombre- o en términos de **valor**. La P de los factores de producción depende de un sinnúmero de elementos (**tierras fértiles**, **obreros** más hábiles, etc). Esto nos conduce al **capital humano**, es decir a la **P del trabajo**: inversión en conocimientos, habilidad o capacitación. Pero también es clave la innovación de la **tecnología**, que redunda en un esfuerzo humano menor por cada unidad de **producto**. Para el punto de vista **marxista** ver **plusvalía**.

Productividad del trabajo: Relación entre

la **producción** obtenida y la cantidad de **mano de obra** empleada. Se mide por el tiempo de **trabajo** invertido para producir cada unidad de **producto** o por la cantidad de productos elaborados en determinada cantidad de tiempo. La PDT aumenta con la incorporación de **tecnología**.

Producto: **Valor agregado** desde el punto de vista de lo producido o **valor** de los **bienes** y **servicios** finales producidos en determinado período –por lo general un año– en un país. Equivale también al **ingreso bruto**. Desde el punto de vista de **Marx**, el P es el **valor de uso** que resulta de la combinación del **trabajo** del hombre con los **objetos**, resultado y condición del **proceso de trabajo**. Así, el P es el trabajo mismo.

Progresismo: **Movimiento** que postula la igualdad de derechos, libertades y oportunidades para todos los hombres, a los que considera **ciudadanos**. El P está ligado a corrientes de la **izquierda reformista** o el **centroizquierda** –como los **partidos socialdemócratas, laboristas o socialistas**-. Postula una vía pacífica, parlamentaria y **laica** para la obtención de **derechos sociales**, en el marco de una **democracia** participativa, rechazando tanto a la **derecha liberal** como a la **izquierda marxista**.

Proletariado: **Clase social** de los trabajadores que –al carecer de la **propiedad** de los **medios de producción**- vende su **fuerza de trabajo** a la **clase capitalista** –clase propietaria de los mismos- a cambio de un **salario**, produciendo **plusvalía**. El P incluye: 1- A los trabajadores productivos, productores directos que valorizan **capital** (es decir, que producen plusvalía), como es el caso del P **industrial** y el P **rural**, 2- A los **empleados** o **trabajadores de cuello blanco** (otras visiones los consideran parte de la **pequeña burguesía**), que no crean valor directamente (es un **proletariado improductivo**) pero participan en su realización, reproducción y/o circulación, siendo explotados por el capital (parcelación de tareas, dependencia de máquinas como puede ser el caso de las computadoras para los oficinistas, etc), 3- Los que son explotados subocupados, en trabajos precarios, marginales e inestables, constituyendo una **mano de obra** desocupada encubierta y 4- Los desocupados o **ejército industrial de reserva**. **Marx** plantea que -debido a la posición que ocupa en el proceso de **producción**- el P o **clase obrera** es la clase destinada a derrocar en forma revolucionaria al **capitalismo**. Si bien el término tiene su origen en Roma, haciendo referencia a la clase más pobre cuya única **propiedad** la constituían sus hijos o prole, fue el **marxismo** el que le dio su actual **significado**, hablando más exactamente del P moderno, la clase de los **asalariados**, de los que viven de su propio trabajo y son explotados por el **capital**.

Proletariado improductivo: Fracción del **proletariado** que no genera **plusvalía**. El PI genera **beneficios** para el **capitalista** individual que lo contrata, pero no aumenta el **capital** social. El PI transfiere el **valor** creado en la esfera de la **producción** pero no lo crea, repartiendo de este modo la masa de **plusvalor** entre las fracciones del capital. Caso típico es el de los **empleados** o **trabajadores de cuello blanco**.

Proletariado industrial: Fracción del **proletariado** que trabaja en la **industria**. El PI constituye el núcleo de los productores directos que valorizan **capital** (**trabajo productivo**). Si bien hay una tendencia a confundirlo con todo el proletariado, el PI

implica un **trabajo manual** desarrollado en
la **fábrica capitalista** moderna.

Proletariado moderno: Proletariado surgido
con la irrupción del **capitalismo. Marx** explica en el capítulo de *El Capital* dedicado
a la **acumulación originaria** cómo fue el
proceso de su formación. Los antecedentes
del PM podemos encontrarlos en la **población medieval** que no pertenecía a ningún
tipo de organización o **institución** (como
una **gleba, gilda,** oficio, **corporación, comuna,** etc) y que alquilaba sus brazos por
hora o por día. Aproximadamente en los
siglos XIII-XV, en algunas de las ciudades
del **Medioevo** (Florencia, Venecia, Brujas,
etc), apareció una suerte de **mercado** de
trabajo, lugar donde las personas pobres y
sin oficio concurrían a ofrecer sus servicios
a **comerciantes** y **empresarios.** En segundo lugar, el PM se originó como resultado
de la disolución de los **séquitos feudales,**
a partir de la decadencia de la **nobleza**
desde los siglos XIII-XIV, que se extiende
hasta la **Revolución Francesa.** Cuando en
el siglo XVI los **precios** subieron, las **clases**
que vivían de **ingresos** fijos se empobre-
cieron, la nobleza entre ellas. Esto obligó
a los **señores** a despedir masivamente a
sus séquitos, con lo que miles de criados,
empleados y servidores del señor se convirtieron en desamparados y mendigos. En
tercer lugar, miles de **campesinos** fueron
expulsados, cuando sus **tierras** -que hasta
entonces se destinaban a cultivo- fueron
expropiadas en favor de **latifundistas** que
las utilizaron como praderas para que allí
paste y se alimente el ganado ovino (lo que
se explica por un aumento de la **demanda**
mundial de lana). Por último, la competencia de la **industria** moderna -especialmente
con la irrupción de la **Revolución Industrial-**
llevó a la quiebra a miles de **artesanos,** que

fueron a parar mayoritariamente a las filas
del PM. El PM se ha constituido junto con
la **burguesía,** en clase fundamental del
modo de producción capitalista. Si bien algunas **teorías** –modernas y posmodernas-
sostienen su agotamiento como clase con
diversos argumentos (desindustrialización,
robotización, etc), lo cierto es que nunca
como en la actualidad ha existido una
masa tan numerosa de millones de **asalariados** que venden su **fuerza de trabajo** por
carecer de **medios de producción,** que en
definitiva es la característica esencial que
Marx estableció para el PM.

Proletariado productivo: Fracción del **proletariado** que produce **plusvalía** realizando
un **trabajo productivo,** que caracteriza a la
relación de **explotación** dominante en el
modo de producción capitalista. El PP está
formado por el **proletariado industrial** y el
proletariado rural.

Proletariado rural: Fracción del **proletariado** que desarrolla un **trabajo manual** en
un campo perteneciente a un propietario
o **arrendatario,** y que produce **plusvalor** a
cambio de un **salario.**

Proletarios de todos los países, ¡uníos!
(Karl Marx y Friedrich Engels, 1848): Frase
final del *Manifiesto Comunista,* es un llamado a la unidad de la **clase obrera** en su
lucha contra el **capitalismo.**

*Prólogo a la contribución a la crítica de la
economía política* **(Karl Marx, 1859):** Breve
texto en el que **Marx** expone la base del
materialismo histórico, imaginando la me-
táfora de un edificio: sobre la **base económica** o **estructura** material de la **sociedad**
–el lugar de la **producción**- se edifica una
superestructura de ideas e **instituciones** –

entre ellas la más importante: el **Estado**-. En el momento en que el desarrollo de las **fuerzas productivas** choca con las **relaciones de producción** existentes se abre una época de **revolución** social. En diversos textos- incluido *El Capital*-, Marx destacó que esa división sólo existe a nivel teórico, ya que el **marxismo** es el "punto de vista de la totalidad". Esto significa que es falsa la conclusión sacada por numerosos autores vinculados con el **stalinismo** o la **socialdemocracia**, acerca de que "la estructura es la **economía** y la superestructura es la **política**": lo que prima en todos los terrenos es la **lucha de clases**, el "motor de la historia".

Propiedad personal: Tipo de **propiedad** surgido del **trabajo** propio. Según el **marxismo**, la PP es legítima, distinguiéndose de la **propiedad privada**, fruto de la **explotación** del **trabajo** ajeno.

Propiedad privada: Tipo de **propiedad** en que los **medios de producción** y los **productos** del **trabajo** pertenecen a particulares. Para el **contractualismo** y la **economía clásica**, la propiedad es un **derecho** natural. Para el **marxismo**, la PP determina la división de la **sociedad** en dos **clases**, una propietaria y la otra no propietaria, y la consiguiente formación del **Estado**. Según Marx, la PP es resultado de la **explotación** del trabajo ajeno, mientras que la **propiedad personal** surge del propio trabajo.

Proudhon, Pierre Joseph (1809-1865): Pensador **anarquista** francés. Influido por el **socialismo utópico** cuestionó la **propiedad privada** como antisocial y contraria al **derecho natural** ("la propiedad es un robo"), y –en defensa de la libertad individual- planteó la abolición del **Estado** y su reemplazo por una **sociedad** de armonía universal basada en mutuales y federaciones espontáneas y pacíficas. Se opuso a lo que interpretó como "**determinismo** económico" en **Marx** y discrepó con las visiones individualistas absolutas de M. **Stirner** y los planteos **colectivistas** y centralistas. Entre sus obras principales encontramos a: *¿Qué es la propiedad?* (1840).

Purgas (U.R.S.S., 1934-1939): Persecución, encarcelamiento y asesinato de opositores políticos de un **partido** o **Estado**. El término se aplica en particular a las P implementadas por la **dictadura** burocrática de **Stalin** en la **U.R.S.S.**, basadas en falsas denuncias y confesiones sacadas con torturas. Con las P, fueron acusados y asesinados la mayor parte de los dirigentes **comunistas** que habían liderado la **Revolución Rusa** de 1917, entre ellos **Zinoviev, Kamenev** y **Bujárin** (ver también **Procesos de Moscú**). También fueron víctimas **ciudadanos** comunes y minorías no rusas y se estima que unos tres millones fueron asesinados.

R

Realismo socialista (U.R.S.S., décadas de 1940-1960): Estilo artístico centrado en la denuncia social y que no se preocupaba demasiado por el estilo o la creación.

Reforma intelectual y moral (Antonio Gramsci): En general, el concepto refiere a todo cambio cultural y moral profundo, revolucionario, que se da en una **sociedad**. En lo particular, es la denominación gramsciana de la **revolución socialista**, del nuevo tipo de sociedad a la que aspiraba y de la concepción del **hombre nuevo** (como lo llamaría posteriormente el **Che Guevara**), con nuevos **valores**, basados en la solidaridad y el esfuerzo compartido. Otros ejemplos de RIYM en la **historia** fueron la **Reforma Protestante**, el **Renacimiento** y la **Ilustración**.

Reformismo: Doctrina sostenida por los llamados revisionistas del **marxismo**, encabezados por Eduard **Bernstein** y Karl **Kautsky**. El R planteaba el **socialismo** como objetivo, pero no a través de la **revolución social** –que es la base del marxismo- sino por medio de reformas parlamentarias paulatinas en el marco de la **democracia burguesa**. El R fue defendido fundamentalmente por la **socialdemocracia**, que fue adoptando posiciones definidamente procapitalistas. En la actualidad, el R se vincula con el llamado **progresismo** y el **centroizquierda** que postulan la renuncia a la **lucha de clases** y la conciliación entre el **capital** y el **trabajo**.

Reino de la libertad (Karl Marx): Denominación dada por **Marx** a la situación de los hombres en la **sociedad comunista**. Requiere un desarrollo altísimo de las **fuerzas productivas**, la desaparición de la división entre el **trabajo manual** y el **trabajo intelectual** y la reducción de la jornada de **trabajo** a un mínimo, entre otras características. Marx imagina que en el comunismo, el desarrollo de las fuerzas productivas será tan alto y la riqueza producida será tan abundante –y disponible para todos- que ninguna persona tendrá que penar en su vida por no tener trabajo o por tenerlo en exceso. De ese modo, Marx imagina a un hombre que trabaje quizá unas pocas horas –la **tecnología** lo permitiría- y se dedicaría el resto del tiempo a vivir la vida, a disfrutar de su familia, de la naturaleza, del arte y de todo lo demás. En esta sociedad rige el principio "**De cada cual según su capacidad, a cada cual según su necesidad.**"

Reino de la necesidad (Karl Marx): Denominación dada por **Marx** a la situación de los hombres anterior a la instauración de la **sociedad comunista**. La necesidad se explica porque en esa fase aún subsiste la división entre el **trabajo manual** y el **trabajo intelectual**, las **fuerzas productivas** no se han desarrollado lo suficiente y el **trabajo** sigue siendo considerado un medio de subsistencia. En esta sociedad rige el principio "**De cada cual según sus capacidad, a cada cual según su trabajo.**" La primera etapa en el camino al comunismo -el **socialismo**- nace directamente de la sociedad **capitalista**, por lo que todavía recibe sus influencias (por ejemplo, el egoísmo o la competencia). Allí, la gente aún está acostumbrada a hablar de "lo mío" y "lo tuyo". Por eso, en dicha fase la **distribución** se haría en base al **trabajo** aportado por cada uno. Se trata aún, de un **derecho** que -por igualar en el trabajo- es desigual (ya que algunos pueden rendir más que otros).

Relaciones de fuerza (Antonio Gramsci): Diferentes momentos o formas en que se manifiesta la **lucha de clases**. Por un lado, están las RF sociales o fundamentales, aquellas relaciones materiales **objetivas** vinculadas al **modo de producción** dominante. Por el otro, las RF políticas, momento **subjetivo** donde las clases se organizan para luchar por el **poder**, y donde se constituyen la **cultura** dominante y la **hegemonía**. Y por último, la RF militares, que es el momento de la confrontación física entre las clases.

Relaciones de producción (Karl Marx): Relaciones económico-sociales fundamentales de un **modo de producción** (su **base económica**) que dependen del nivel de **desarrollo** de las **fuerzas productivas**. Relaciones sociales de **explotación** entre las **clases sociales**, necesarias e independientes de la voluntad de los hombres. Las RP dan forma a la **estructura** de **clases** y a determinadas formas económicas y políticas. Dependen de la desigual apropiación de los **bienes**. También se las puede definir como las diferentes formas que tienen los hombres de asociarse para llevar a cabo el **proceso de producción**, en torno a la **propiedad** o no propiedad de los **medios de producción**. Junto con las fuerzas productivas, las RP configuran a un modo de producción.

Relaciones de propiedad: Formas de **distribución** de los **medios de producción** y la **fuerza de trabajo** en cada **sociedad**. Las RP determinan la división de la sociedad en **clases sociales**.

Relaciones sociales de producción: Ver **relaciones de producción**.

Revolución Bolchevique: Ver **Revolución Rusa**.

Revolución burguesa: Ver **revoluciones burguesas**.

Revolución China (China, 1-10-1949): Toma del **poder** por parte del **Partido Comunista** chino, encabezado por **Mao Tsé Tung**. **China** (ver) estuvo controlada, desde la **Guerra del opio** a mediados del siglo XIX, por el **capital** británico. En diversos conflictos, perdió Hong-Kong, Corea, Formosa y Vietnam. Con la caída de la **dinastía Manchú** en 1925 y la llegada al poder del **partido nacionalista** *Kuomintang* orientado por Sun Yat-sen, se inició la occidentalización del país, que pasó del **Imperio** a la **República**. Sin embargo, la existencia de **caudillos** regionales –los señores de la **guerra**- y la invasión japonesa de 1931 detuvieron ese **proceso**. A partir de allí, se desató una guerra de **liberación nacional** y –luego de la retirada de Japón- se produjo una **guerra civil**. La presión de **EE.UU.** –que quería controlar la zona y desplazar a Japón- unió a los nacionalistas con los **comunistas** de Mao. Pero el sucesor de Sun Yat-sen, **Chang Kai-Shek**, rompió la alianza con los comunistas y los persiguió. La guerra contra Japón continuó hasta el final de la **Segunda Guerra Mundial**. Los nacionalistas eran apoyados por EE.UU., y su base social se componía de **terratenientes**, parte de la **pequeña burguesía** y el **Ejército**. Pero la inmensa **masa campesina** y los sectores **obreros** estaban con los comunistas, partidarios de la **reforma agraria** y la **nacionalización de la banca** y de la **industria**. Finalmente, en 1949 el PC tomó Pekín y se hizo del poder, dando comienzo a la **República** Popular e iniciando importantes transformaciones sociales. Con el fin de salir del atraso **feudal**, la RC expropió la **tierra** de los **latifundistas** y la repartió entre los campesinos, que la trabajaron en forma **intensiva** (y no **extensiva**) mejorando la **productividad**. La **burguesía** también resultó afectada. Y la mujer obtuvo la igualdad de derechos con el hombre. Sin embargo, los rasgos burocráticos, autoritarios y personalistas del **maoísmo** (ver) no tardaron en emerger, exacerbándose especialmente desde 1966, con la llamada **Revolución Cultural** (ver). Luego de la muerte de Mao en 1976, China emprendió una lenta transición al **capitalismo**, aunque manteniendo la simbología revolucionaria.

Revolución Cubana (Cuba, 1-1-1959): Derrocamiento armado de la **dictadura** de Fulgencio **Batista** y toma del **poder** político por parte de la **guerrilla** encabezada por Fidel **Castro Ruz** y Ernesto **Che Guevara**. Hasta la **revolución**, **Cuba** era una "**república bananera**", dominada por completo por **latifundistas** del azúcar y el **capital** norteamericano. Desde 1902, **EE.UU.** había impuesto la **Enmienda Platt**, que habilitaba a la potencia a invadir Cuba en caso de ver afectados sus intereses en la isla. Los **campesinos** eran superexplotados y vivían en la miseria, la enfermedad y la ignorancia. El 43 % de la **población** era analfabeta y la inmensa mayoría no tenía casa propia. Existía además un pequeño **proletariado** industrial y una **clase media** bastante importante, especialmente en el sector estudiantil. Cuando en 1952 Batista se hizo del **gobierno** con un **golpe de Estado**, un joven universitario militante del **nacionalista Partido** Ortodoxo, Fidel Castro Ruz, organizó el **Asalto al Cuartel Moncada** (1953), planteando reformas democráticas y sociales, pero fue derrotado y encarcelado. Ya fundado el **Movimiento 26 de Julio** en 1956, Castro y el médico argentino Ernesto Che Guevara ingresaron al país clandestinamente junto con un puñado de combatientes en el barco **Granma**, y organizaron la guerrilla en la Sierra Maestra. Campesinos y sectores **urbanos** se fueron sumando a la lucha (por ejemplo, con la **huelga general** de abril de 1958), que triunfó el primer día de 1959. La RC condujo a la reorganización drástica de la **educación** –la campaña de alfabetización colocó al país entre los más alfabetizados del mundo–, a la **reforma agraria** y urbana y a la **nacionalización** de los monopolios norteamericanos (**empresas** azucareras, petroleras, **bancos**, transportes, electrici-

dad, etc). En pocos años, los índices sociales de la isla experimentaron avances notables, creciendo las obras **públicas** y el **empleo** y poniendo al país a la vanguardia continental y en algunos casos mundial –como en el caso del sistema de salud cuyos **indicadores** de **mortalidad infantil** son los más bajos de **América**–. Los sectores privilegiados de la vieja Cuba fueron confiscados y gran parte de ellos huyeron hacia EE.UU., desde donde organizan hasta la actualidad la contrarrevolución. Afincados muchos de ellos en la Florida, han sido llamados despectivamente como "**gusanos**". Debido al carácter antiimperialista y anticapitalista de las medidas tomadas, el **Presidente** norteamericano John F. **Kennedy** apoyó a los "gusanos" e invadió la isla, rompiendo relaciones con Cuba, pero las fuerzas invasoras fueron expulsadas en **Bahía Cochinos** (1961). En el marco de la **Guerra Fría**, la **U.R.S.S.** decidió apoyar a Cuba comprándole azúcar –Cuba nunca logró revertir la dependencia del **monocultivo**– y abasteciéndola de **petróleo**. También instaló rampas de misiles, lo que desató la llamada **crisis de los misiles**. En este contexto, Castro declaró el carácter **socialista** de Cuba y su adhesión al **marxismo-leninismo**, por lo que el país fue expulsado de la **OEA** (1962). Comenzó así un **bloqueo** comercial y político por parte de los EE.UU. que aún hoy perdura, ahogando la **economía** de la isla. Junto con ello, la influencia **stalinista** de la U.R.S.S. se hizo sentir, por ejemplo, en la **estatización** del pequeño **comercio** (el **socialismo** plantea la estatización de los grandes **medios de producción**, no de la pequeña **propiedad**). El alineamiento con la U.R.S.S. y la adhesión a la **tesis** stalinista del **socialismo en un solo país** (ver) generaron críticas por parte del Che

Guevara, quien no simpatizaba con la **burocracia soviética** y aspiraba a que el triunfo de la revolución en otros países latinoamericanos aminorara la dependencia de Cuba con los soviéticos. Finalmente, en 1965 Guevara dejó su cargo en el **gobierno** y se fue a organizar movimientos revolucionarios en África y Sudamérica. La derrota de esos y otros intentos de extender la revolución (por ejemplo, en 1966 Castro impulsó una internacional revolucionaria latinoamericana, la **OLAS**, para disgusto de la U.R.S.S., aunque fue rápidamente abortada) y el viraje hacia posiciones más conservadoras (como en Nicaragua o como en la declaración de Castro en 1986 acerca de que en América Latina no había posibilidad de una **revolución socialista** por cincuenta años), han llevado a Cuba al aislamiento, lo que ha reforzado las tendencias burocráticas y parasitarias del PC y el **Estado** cubanos –los **sindicatos** no son independientes del Estado y ningún **partido político** (aunque defienda la revolución) salvo el PC está permitido– y ha facilitado un importante aumento de la diferenciación social, con el retorno de flagelos que la revolución había eliminado –como la prostitución, la mendicidad, las tiendas especiales y el racionamiento de alimentos básicos–. De este modo, con grandes dificultades –especialmente tras la desaparición del **bloque soviético** en 1991– la RC subsiste, aunque resignando aquel impulso a la revolución socialista internacional de las primeras épocas y concentrándose en la resistencia nacional contra el Imperio norteamericano. Tomando en cuenta los antecedentes de otros países (**China**, Europa del Este, la propia U.R.S.S., Vietnam), el fomento a la entrada de **capital extranjero** (incluso de propiedad de los "gusanos") y de **moneda** extranje-

ra a partir de la reforma constitucional de 1992 –especialmente en el turismo– coloca a la RC ante la perspectiva, tal vez no muy lejana, de una lenta restauración del **capitalismo** (estas medidas, por ejemplo, han liquidado el monopolio del **comercio exterior** –base esencial del socialismo–).

Revolución cultural (China, 3-6-1966/ 10-9-1976): Proceso de reformas impulsado por **Mao Tsé Tung**, que buscaba combatir la **burocratización** de la **Revolución China** (ver). La RC expresó también una lucha interna en la dirección del PC chino, entre la **burocracia** partidaria y de funcionarios estatales –corriente revisionista que planteaba un **desarrollo** económico gradual, tomando distancia del eje revolucionario– y las posiciones de Mao –apoyadas por la mayoría del **Ejército**–. En nombre de la pureza revolucionaria, este sector emprende la lucha contra el desviacionismo burgués, que planteaba el peligro de la restauración del **capitalismo**. En este sentido, se impulsó una movilización ideológica de las **masas** y una campaña de reeducación con **valores** presuntamente **socialistas**. Se implementó un igualitarismo riguroso, con furiosos ataques al individualismo o al elitismo intelectual. El **programa** de la RC atacaba el **economicismo** y el aburguesamiento, proponiendo la necesidad de una constante autocrítica, en primer lugar de los funcionarios del **Estado**. Sólo Mao quedaba como figura incuestionada, montándose en torno de él el **culto a la personalidad**. Millones de personas fueron enviadas al campo y cientos de miles fueron asesinados, incluidos funcionarios del partido. Si bien la RC ilusionó a parte de la **izquierda** mundial que quería encontrar otra vía al **socialismo** que no fuera la del **stalinismo**, el **terror**, las **purgas**, el cierre de miles de centros de enseñanza, el dogmatismo, el culto a la personalidad y el antiintelectualismo produjeron una rápida desilusión. Hacia 1969, la RC había triunfado sobre las posiciones **moderadas**. Sin embargo, tras la muerte de Mao las tendencias pro-capitalistas se impusieron, llevando a **China** hacia una lenta pero persistente restauración de una **economía de mercado** en las dos décadas siguientes.

Revolución de 1848: Ver **revoluciones de 1848.**

Revolución de 1905 (Rusia, 20-10-1905): Insurrección que se inició con el "**domingo sangriento**", manifestación **obrera** en reclamo de aumentos salariales, derecho de **sufragio** y contra la **Guerra Ruso-Japonesa**, con una **represión** que dejó un saldo de más de mil muertos. Estallaron **huelgas** en las grandes ciudades y revueltas **campesinas** durante los meses siguientes, junto con el amotinamiento del acorazado Potemkin y la derrota en la guerra con Japón. El movimiento llegó a su culminación con la formación del *soviet* de delegados de **obreros** de San Petersburgo, como consecuencia de la **huelga general** que estalló en octubre. El **Zar** concedió a la **asamblea legislativa** (Duma) una serie de libertades (*Manifiesto de Octubre*). Estas concesiones dividieron a los revolucionarios ya que la **burguesía liberal** apoyó la propuesta del Zar. La iniciativa revolucionaria quedó en manos de los **partidos obreros**, especialmente en el mencionado *soviet* de San Petersburgo, dominado por los **mencheviques** y **Trotsky**. En Moscú, el *soviet* contaba con mayoría **bolchevique** y logró controlar la ciudad luego de una insurrección pero fue violentamente reprimida, dando fin a la **revolución**, que retornaría con más fuerzas doce años después.

Revolución de Febrero (Rusia, 15-3-1917): Revolución democrático-burguesa que derrocó al **Zar Nicolás II** e impuso un **gobierno** provisional de mayoría **liberal** –encabezado por **Kerenski**- basado en la **Duma**, donde eran mayoría los **partidos burgueses** (sin embargo, las dumas fueron varias veces disueltas por el **Zar**). En la **Primera Guerra Mundial, Rusia** –que formaba la **Triple Entente** con **Gran Bretaña** y **Francia**- estaba sufriendo derrotas permanentes con alemanes y turcos, mientras los soldados morían por montones y desertaban en masa (un millón y medio en 1916). Aunque el **Primer Ministro** Stolipin permitió a los **campesinos** salir del *mir* (la comunidad lugareña) con la esperanza de formar una clase de campesinos ricos, la mayoría de ellos vendió sus **tierras** y fue a trabajar a la **industria**. La **clase obrera** había visto caer sus **salarios** a la mitad desde el inicio de las acciones bélicas. El nuevo gobierno se comprometió a efectivizar la libertad de palabra, prensa, reunión y asociación, el derecho de **huelga**, la abolición de privilegios y otras reformas democráticas, así como a la convocatoria a una **asamblea constituyente** sobre la base del **sufragio universal**. Las expectativas populares fueron defraudadas, en especial porque el gobierno provisional siguió adelante con la **guerra**, lo que creó las condiciones para el triunfo de los **bolcheviques** –quienes recrearon los *soviets* de la revolución de 1905- en la **Revolución de Octubre**.

Revolución de Octubre: Ver **Revolución Rusa.**

Revolución Francesa (Francia, 14-7-1789 / 9-11-1799): La más importante de las llamadas **revoluciones burguesas**, representa el ascenso al **poder** político de la burguesía, el triunfo de la **Ilustración** y la definitiva consolidación del **capitalismo**. En 1788 se desató una **crisis** económica que derivó en hambruna. De veintiséis millones de habitantes veinte eran **campesinos** y la mayoría vivía en la **pobreza**. El **clero** y la **nobleza**, las **clases** privilegiadas, se opusieron a pagar un **impuesto** a la **tierra** como modo de enfrentar la crisis y el **déficit** estatal. Fue entonces cuando se convocó a los **Estados Generales**, ámbito de discusión de los tres **estados** –las **clases sociales** de la época-, donde el **tercer estado** o **estado llano** del **pueblo** –con mayoría de representantes, pero que perdía las votaciones, ya que se realizaban por estado (2 a 1)- se rebeló contra el **Antiguo Régimen**, proclamando una **asamblea constituyente**, que elaboró la *Declaración de los derechos del hombre y del ciudadano* centrada en la trilogía de **libertad, igualdad y fraternidad**. Cuando el **Rey** quiso disolverla por la fuerza, el pueblo de París se alzó en armas y tomó la prisión de **La Bastilla**, acabando con la **monarquía absoluta** de **Luis XVI**, el régimen **feudal**, los derechos señoriales sobre los campesinos, las **corporaciones**, el **diezmo** de la **Iglesia** y todos los privilegios legales y fiscales del clero y la nobleza. Los bienes de la Iglesia fueron confiscados y el clero debió someterse al poder político y a la **Constitución**. Se estableció el **sufragio universal** para los varones y **Francia** se convirtió en una **monarquía constitucional** y los *feuillants* accedieron al poder. En los años subsiguientes, se sucedieron enfrentamientos entre distintos sectores políticos y sociales como los mencionados *feuillants*, los **girondinos** y los **jacobinos**. En la RF se sucedieron: 1- la monarquía constitucional (1789-1791), donde el Rey convive con una asamblea legislativa, 2-

la **Primera República**, subdividida en la **República Girondina** (1791-1793) y la **República Jacobina** (1793-1794, cuyo ocaso estuvo ligado a la pérdida del apoyo popular de los *sans-culottes*) y continuada con, 3- el **Directorio** (1794-1799, período **conservador** ligado a los intereses de la gran burguesía, que instaló el **voto** censitario). Se considera que el **golpe de Estado** que dio paso al, 4- **Consulado** (1799-1804) puso fin a la Primera República y a la RF. Posteriormente se desarrolló el **Imperio** (1804-1814), al cual le sucedió la **Restauración** de las monarquías anteriores a la RF.

Revolución Gloriosa (Inglaterra, 5-11-1688): **Proceso** revolucionario que acabó con la **monarquía absoluta** e instauró una **monarquía constitucional** (aunque en rigor **Inglaterra** nunca tuvo una **Constitución** escrita) y **parlamentaria**, es decir, un **Rey** controlado en su **poder** por un **Parlamento**. Influida por el **protestantismo**, la RG consolidó el triunfo de la **burguesía** *whig* -protestante y parlamentarista- sobre los sectores **terratenientes** de la **nobleza** tradicional. Entre 1642-1649 se produjeron enfrentamientos que derivaron en el ajusticiamiento del Rey **Carlos I** y la monarquía fue abolida. Entre 1649 y 1658, el líder parlamentario Oliver **Cromwell** implantó una **República** a la que gobernó de modo autoritario, disolviendo el Parlamento y despertando la oposición de la burguesía. Entre 1660 y 1685 la monarquía fue restaurada y el **catolicismo** volvió a ser **religión del Estado**. Pero los protestantes destituyeron al Rey Jacobo II instaurando en el trono a Guillermo III de Orange. A través del Parlamento, la burguesía **liberal** logró imponer las libertades religiosas, de **comercio** y **propiedad**, etc. Ya no habría un Rey por voluntad divina sino por voluntad de la **Nación**, representada en el Parlamento. Se le llamó "gloriosa" por ser una revolución incruenta, sin derramamiento de sangre.

Revolución Industrial (Inglaterra, 1750-1830): Primer pasaje histórico –en **Inglaterra** primero y en un conjunto de países europeos y unos pocos más en el resto del mundo, después– desde una economía artesanal y **agraria** a otra dominada por la **industria** y la **manufactura** mecanizada. El **crecimiento** económico, la innovación tecnológica y organizativa y las transformaciones sociales son algunos de los rasgos centrales de la RI. El nivel de **producción** y **productividad** aumentó en ese período como nunca antes en la **historia** de la Humanidad. La **burguesía industrial** impulsó este **proceso**. Al mismo tiempo, los niveles de **explotación** y miseria de los **asalariados** fueron enormes. La industria comenzó a crecer, mientras que el sector **agropecuario** comenzó a perder su liderazgo. Algunas de las principales características de la RI fueron las siguientes: se difundieron las **fábricas**, creció la **urbanización**, aumentó la **población** urbana, se formaron y/o consolidaron la burguesía industrial y el **proletariado industrial**, se aceleró la **innovación tecnológica**, creció el **comercio**, se desarrollaron los transportes y las comunicaciones, se desarrolló la **clase media**, mejoró la **educación**, subió la esperanza de vida y bajó la **mortalidad infantil**. Entre las **teorías** que intentan explicar el origen de la RI están aquellos que cuestionan –precisamente– la existencia de una **revolución**, planteando –en cambio– una "**evolución** acelerada" en el marco de la continuidad de un proceso de transformaciones previas que se fueron acumulando (**Nef, Ashton**). Rostow –por su parte– aportó el concepto de "**despe-**

gue" o "**take off**", como primer motor del proceso de **industrialización**. La mayoría de las clasificaciones identifican a este primer período como **Primera Revolución Industrial**, dada la existencia de las posteriores **Segunda Revolución Industrial** y **Tercera Revolución Industrial** (ver ambas entradas).

Revolución inglesa: Ver **Revolución Gloriosa**.

Revolución Neolítica (8.000-3.000 a.C.): Término acuñado por G. Childe para describir el salto producido en el **desarrollo** económico y social basado en la **agricultura** (trigo), la domesticación de animales y la artesanía. Sus consecuencias fueron fenomenales: en primer lugar, la **tribu** ya no necesitó migrar detrás de las manadas de animales que constituían su alimento. Así, surgió el modo de vida **campesino** y nacieron las primeras ciudades. Tampoco necesitó restringirse a zonas tropicales (ricas en frutos): al poder llevarse a sus animales y plantar semillas en otras tierras, se amplió enormemente el territorio en el que el hombre pudo vivir. Se poblaron las zonas templadas y comenzaron las grandes **migraciones**. Por primera vez, la **productividad del trabajo** humano sobrepasó la capacidad de **consumo** inmediata del productor directo. Así, un pastor pudo cuidar ovejas que alimentaran a decenas de hombres y lo mismo le sucedió a un agricultor en relación con la **siembra**. Ese **excedente** que supera la capacidad de consumo individual de la persona que lo produce pudo ser –por primera vez– acumulado (ganado en pie o **granos**). Con ese excedente acumulable, surgió también, por primera vez en la historia humana, la posibilidad material de la **explotación** del trabajo humano ajeno y con ello, la división de la sociedad en dos **clases**: una explotadora, que vive del trabajo ajeno y otra explotada, que con su trabajo sostiene a la clase explotadora. Se considera al surgimiento de la escritura como el hecho que determina la finalización del **Neolítico**.

Revolución pasiva (Antonio Gramsci): Categoría que refiere a una situación social en donde la **clase dominante** recompone su **hegemonía** (dominación a través del **consenso**) temporariamente amenazada, mediante la **dominación** (uso de la fuerza). También la llamó "revolución-restauración", e incluye la obtención de concesiones por parte de los sectores dominados, pero al costo de despojar sus reclamos de todo contenido revolucionario. J. C. Portantiero sostiene que la RP implica un proceso de transformaciones "desde lo alto", en el que el **Estado** absorbe demandas "de abajo" pero quitándoles toda autonomía **política**, convirtiéndose en educador y manipulador de las **masas**. Ejemplos: Waldo Ansaldi sostiene que en la **Argentina**, entre 1862 y 1880, se produjo una RP donde, a través del uso de la fuerza (centralización del Ejército, **Conquista del Desierto**, etc) se sentaron las bases para la hegemonía **oligárquica** del **modelo agro-exportador**. El **fordismo** norteamericano de principios del siglo XX, también es una forma de RP: modernización "desde arriba", desde la **burguesía** automotriz, para enfrentar las amenazas revolucionarias y la **crisis económica**, aumentando la **explotación** y control sobre la **clase obrera** a cambio de mejoras salariales y acceso al **consumo** de determinadas **mercancías**. La forma clásica de RP es el **bonapartismo**.

Revolución permanente (León Trotsky): Teoría en la que **Trotsky** explica la necesidad de transformar una revolución democrático-burguesa en una **revolución socialista** y –a su vez- la extensión de una revolución en un país al resto del mundo, entendiendo que la **lucha de clases** tiene un carácter internacional. La RP se opone a la revolución por etapas planteada en general por los **partidos comunistas** ligados de algún modo al **stalinismo**, denunciando la claudicación de éste ante las **burguesías nacionales** y su abandono del objetivo de la **dictadura del proletariado** y la revolución socialista mundial.

Revolución proletaria: Ver **revolución socialista**.

Revolución Puritana: Ver **Revolución Gloriosa**.

Revolución Rusa (Rusia, 7-11-1917): Primera **revolución marxista** triunfante, la RR significó la toma del **poder** político por parte de los **obreros y campesinos**, bajo el liderazgo del **Partido Bolchevique** de V. I. **Lenin**. Con un país devastado por la **Primera Guerra Mundial** -donde el ejército ruso estaba mal preparado y desmoralizado- con la **represión política** feroz del **zarismo**, con el hambre y la miseria, con la **explotación** de los campesinos por parte de los **terratenientes**, con el surgimiento de un incipiente **proletariado** industrial con ideas **izquierdistas** y con la opresión de las **nacionalidades**, estaban dadas las condiciones para un alzamiento. Con el antecedente de la **Revolución de 1905**, varias corrientes políticas lucharon contra el **Zar**: los **populistas** proponían un **socialismo** con base en la comuna agraria, los socialistas revolucionarios ponían el acento en la revolución política contra la **autocracia**

y los **mencheviques** defendían el tránsito hacia una **revolución burguesa** como paso previo al socialismo. Pero fueron sin duda los **bolcheviques** la dirección política de la RR, quienes plantearon la necesidad de organizar a la **clase obrera** tras un **partido** que fuera la vanguardia que guiara a los campesinos, con el fin de pasar sin escalas burguesas a la **dictadura del proletariado**. Con la **Revolución de Febrero**, los mencheviques parecieron imponer su criterio: bajo el **gobierno de Kerenski**, continuaron con la guerra, se apoyaron en la burguesía y reprimieron las crecientes manifestaciones de las **masas**. Los bolcheviques, hasta entonces minoritarios, ganaron la simpatía creciente con su planteo de paz inmediata y se fortalecieron en los *soviets*, órganos de **democracia directa** de obreros y campesinos. En octubre, Lenin y León **Trotsky** encabezaron la toma del Palacio de Invierno de San Petersburgo, sede del **gobierno**, concretando los planteos de Lenin conocidos como las **Tesis de Abril**: **"Todo el poder a los *soviets*"**. Entre las primeras medidas de la RR hay que mencionar: la firma de la paz con **Alemania**, la **confiscación** de la tierra a los **nobles** y terratenientes y su **colectivización**, beneficiando a los campesinos (**reforma agraria**), el **control obrero** de la **producción** a través de los *soviets*, la **nacionalización** de las **industrias** y los **bancos** más importantes, el desconocimiento del pago de la **deuda externa**, el reconocimiento de la autodeterminación a las **nacionalidades** y una campaña de alfabetización masiva. Según Eric Hobsbawm, la RR triunfó por tres razones: 1- porque contaba con un poderoso partido obrero, el Partido Bolchevique, 2- porque contó con la ayuda de oficiales del ejército temerosos de que el ex **Imperio** ruso se desmembrara aún más. 3- porque los campesinos consi-

deraban que con los "rojos" aumentaban sus posibilidades de mantener la tierra. La influencia de la RR fue enorme en todo el mundo y alentó la organización de los **trabajadores** en partidos socialistas. La derrota de revoluciones similares en otros países (**Alemania**, Hungría, Finlandia, etc) y el devastamiento provocado por la **guerra civil**, fueron algunos de los factores que desviaron el rumbo de la RR de sus objetivos **comunistas**. La llegada al poder de **Stalin** barrió con los principios fundamentales del **marxismo-leninismo** que habían llevado al poder a los comunistas en 1917: revolución mundial, **internacionalismo** proletario, dictadura del proletariado, entre otros. Se inició entonces el período de la contrarrevolución conocido como "stalinismo".

Revolución Sandinista (Nicaragua, 19-7-1979): Derrocamiento del dictador Anastasio **Somoza** por el **Frente Sandinista de Liberación Nacional** (FSLN). El nuevo **gobierno** se enfrentó a EE.UU., que organizó un **ejército** contrarrevolucionario, los "**Contras**". Aunque planteaba transformaciones sociales profundas -entre ellas la **reforma agraria**, que se cumplió parcialmente- el **sandinismo** rechazó la aplicación de medidas **socialistas** y se apoyó en sectores más **moderados**, ligados por ejemplo a la **Iglesia Católica**. En 1984, Daniel Ortega del FSLN fue elegido **Presidente**, pero en las **elecciones** de 1990 triunfó Violeta Chamorro, representante de la **derecha**, y el FSLN entró en una profunda crisis.

Revolución social: Cambio violento de las relaciones de **propiedad** y las **relaciones de producción** impulsado por **clases sociales** revolucionarias, hasta entonces dominadas por otras. Utilizando la **dialéctica** hegeliana, **Marx** explica el fenómeno de la RS como el resultado del conflicto entre las **relaciones de producción** y las **fuerzas productivas**: hay momentos en que las relaciones de producción que favorecen a la **clase dominante** son una traba para el **desarrollo** de las fuerzas productivas (**tesis**). Una clase que va progresando y desarrolla las fuerzas productivas puede presionar a las viejas relaciones de producción, provocando la reacción de la clase dominante, porque está amenazado el orden vigente (**antítesis**). Si la clase en ascenso es lo suficientemente fuerte, puede abrirse "una época de RS" y de ese conflicto pueden surgir nuevas relaciones de producción (**síntesis**), que volverán a ser armónicas con las fuerzas productivas. Hasta que la rueda vuelva a girar... (nueva tesis, nueva antítesis, nueva síntesis...). De este modo, vemos que las relaciones de producción pueden hacer avanzar a las fuerzas productivas o pueden convertirse en una traba, todo depende de la **lucha de clases** en cada época. Por ejemplo, antes del capitalismo las relaciones de producción **feudales** –que rechazaban los cambios- frenaban el desarrollo del **comercio**, la **industria** y la **ciencia**. Fue entonces cuando la burguesía como fuerza productiva naciente y revolucionaria, se rebeló, hasta cuestionar las bases materiales del **feudalismo** y derrocarlo. La **burguesía** impulsó con las relaciones de producción capitalistas, el desarrollo de las fuerzas productivas (esto es muy claro con la **Revolución Industrial**). Con el tiempo, dice Marx, esa misma clase social comenzó a ser un freno hasta llegar a destruir a las fuerzas productivas. Por ejemplo, las dos **guerras** mundiales del siglo XX han provocado una formidable destrucción de las fuerzas productivas: vidas humanas, edificios, maquinaria, campos, etc. Marx plantea entonces que, cuando las relaciones de producción frenan el desarrollo de las fuerzas productivas, y éstas se rebelan, se abre la mencionada época de RS.

Revolución socialista: Toma del **poder** político por parte del **proletariado** y quiebre del **Estado**, las relaciones de **propiedad** y de las **relaciones de producción capitalistas**. Con la RS, la **clase obrera** toma el poder e inicia la **dictadura del proletariado** en el plano político y la transición al **socialismo** (ver) en el plano económico-social. La RS más importante de la **historia** es la **Revolución Rusa** (ver también **comunismo** y **marxismo**).

Revolucionario: Partidario de transformaciones estructurales y profundas. Opuesto: **conservador, reformista**.

Revoluciones burguesas (Europa, siglos XVI-XIX): Toma del **poder** político por parte de la **burguesía** a través de una **revolución social** violenta, lo que implicó la **confiscación de la nobleza** y sentó las bases materiales para el **desarrollo del capitalismo**. La primer RB se produjo en Holanda en el siglo XVI. Pero fueron sin duda la **Revolución Inglesa** del siglo XVII y la **Revolución Francesa** del siglo XVIII las más importantes. También son consideradas RB las **revoluciones de 1830** y las **revoluciones de 1848**.

Revoluciones de 1848: Movimientos revolucionarios que estallaron en Europa como consecuencia de los conflictos entre el avance de la **industrialización** y la resistencia de las fuerzas **feudales** a los cambios. Desde 1830, en **Francia** gobernaba la alta **burguesía industrial** y bancaria. Los obreros de las ciudades y la **pequeña burguesía** (comerciantes, profesionales, **artesanos**) tenían un creciente descontento. También la burguesía **liberal** o republicana –que luchaba por extender los derechos políticos–estaba disconforme. La **crisis** económica agravó la situación, provocando revueltas. En 1848 se produjeron **revoluciones burguesas nacionalistas** en varios países europeos (**Francia, Alemania,** Austria, Hungría). En Francia, el alzamiento revolucionario iniciado el 22 de febrero fue impulsado por una alianza de la burguesía republicana y el **proletariado** contra la **monarquía de Luis Felipe**. La **rebelión** obrera fue sofocada pero la burguesía logró imponer sus objetivos, por lo que la frágil alianza entre estas dos **clases** se rompió. Finalmente, todo desembocó en el **Segundo Imperio,** el **gobierno bonapartista de Napoleón III.** Aunque desde el punto de vista social todas las R48 fueron sofocadas, cambiaron el mapa político y económico derrumbando definitivamente las aspiraciones monárquicas de asegurar su derecho divino al **poder** y estableciendo en algunos casos el **sufragio universal** y bases sólidas para el **desarrollo** del **capitalismo**. Desde 1848 la **clase media,** la **democracia política,** el **liberalismo** y los **trabajadores** (en ese mismo año surgió el *Manifiesto Comunista*) ganaron un espacio clave en el panorama político europeo.

Ricardo, David (1772-1823): Economista inglés, figura clave de la **economía clásica** y la **economía política.** Una de las ideas fundamentales de R es el **concepto** de que el **valor** relativo de las mercancías depende de la cantidad de **trabajo** (presente y pasado) que contienen –**teoría objetiva del valor–.** Si bien el pensamiento de A. **Smith** es determinante en sus análisis, a diferencia de éste traslada el cálculo del valor de una **mercancía** desde la esfera de la **distribución** y el **mercado** a la esfera de la **producción** (hora-hombre), esto al menos en algunos de sus escritos (en otros su postura se asemeja a la de Smith, planteando que el estudio de las leyes de la distribución de lo que el hombre produce es el objetivo de la economía política.), donde planteó que un aumento de salarios reduce los **beneficios,** rompiendo con la visión armónica de Smith y visualizando un conflicto en la distribución del **ingreso** (en esta diferencia entre los dos padres de la economía clásica es fundamental la **Revolución Francesa,** posterior a Smith y que R vivió). El contexto en el que escribe R es el del comienzo de la transición de la **Primera Revolución Industrial** a la **Segunda Revolución Industrial,** cuando la expansión británica a escala mundial puso a este país a la cabeza de las potencias. Para R la producción se remunera en forma de **salarios** para los **trabajadores, ganancias** para los **capitalistas** y **renta de la tierra** para los **terratenientes.** La renta, justamente, es un concepto clave en su **teoría:** surge por la existencia en **Inglaterra** de suelos fértiles limitados y de distinta calidad, lo que –con el aumento de la **población**– obligó a los **empresarios** a alquilar a los terratenientes terrenos cada vez menos fértiles, pagando rentas cada vez mayores y frenando de este modo el **desarrollo** capitalista al elevar los **costos** de los alimentos y de los salarios y por ende reducir las ganancias y la **inversión** (su teoría se convirtió en una herramienta contra las **leyes de granos**). Como salida a esto y para bajar el monto de las rentas, R planteó –en defensa de los industriales y en oposición a los terratenientes a los que consideraba parásitos- la apertura al **comercio** mundial: es el momento de la expansión inglesa por el mundo, demandando **materias primas** y alimentos y colocando **manufacturas.** Es en ese contexto que R propuso su **teoría de las ventajas**

comparativas. Tres teorías surgirán como respuestas a R: a) desde una postura liberal crítica –que consideró peligrosos los puntos de vista de R acerca del conflicto social– aparecerán los **neoclásicos**, b) desde el interés de otros países por evitar la **hegemonía** inglesa, surgirá el **nacionalismo proteccionista** de Friedrich **List** y, c) desde la denuncia de la **explotación** de la **clase obrera**, surgirá la teoría **socialista** de Karl **Marx**. Entre sus obras principales encontramos a: *Principios de economía política y tributación* (1817).

S

Salario: Según la **economía clásica**, retribución o **precio** de uno de los **factores de la producción**, el trabajo. Según el **marxismo**, el S es el precio de la venta de la **fuerza de trabajo** de un **trabajador** a un **capitalista**. Mientras que para la economía clásica el S equivale a todo el trabajo realizado, para el marxismo el S sólo cubre una parte del trabajo –el que remunera a la fuerza de trabajo, el **trabajo necesario**-, quedando otra parte del trabajo impago –el **trabajo excedente**, que produce un producto excedente o **mercancía**, la **plusvalía**, que el capitalista se apropia-. Dicho de otro modo: el S es el precio de la fuerza de trabajo, pero el **valor** que crea esta fuerza de trabajo es mayor que ese precio (la diferencia es el **plusvalor**, de donde proviene la **ganancia** capitalista). La **teoría** marxista, entonces, no cuestiona al S por ser "bajo" o "insuficiente" sino al S como tal, como manifestación de la **explotación**.

Segunda Internacional (14-7-1889 / -1951): **Organización política** que agrupó a **partidos** obreros y **socialistas**, con predominio de los grupos **marxistas**, especialmente del **Partido Socialdemócrata Alemán**. Luego de la muerte de F. **Engels**, sus principales dirigentes fueron Karl **Kautsky** y Gueorgui **Plejánov**. En 1896 sufrió la separación de los sectores **anarquistas**. Con el estallido de la **Primera Guerra Mundial** y el apoyo de varios de sus partidos a sus propios **Estados** nacionales, la SI sufrió la ruptura de la **izquierda** marxista que terminó por constituir la **Tercera Internacional** en 1919, liderada por **Lenin**. La SI abandonó el marxismo –rechazó la **Revolución Rusa**- y se colocó en el terreno del parlamentarismo, propugnando reformas sociales sin cuestionar las bases del **sistema capitalista**. En 1923, la SI pasó a llamarse **Internacional Laborista y Socialista**. En 1951, luego de divisiones, **escisiones** y cambios de nombre, pasó a llamarse **Internacional Socialista** (ver).

Segundo Plan Quinquenal (U.R.S.S., 1933-1937): En principio, el SPQ tenía como metas aumentar la producción de **bienes de consumo** durables, mejorar los servicios sociales, impulsar el **desarrollo** en las regiones más atrasadas, mejorar los medios de transporte y continuar con el desarrollo de la **industria pesada**. Se logró un aumento de la **productividad** como resultado de los incentivos salariales y de la capacitación. Sin embargo, ante la creciente agresividad y rearme de la **Alemania nazi**, la meta viró hacia la aceleración del rearme, para lo cual aumentaron considerablemente los gastos en defensa. Paralelamente, en el terreno político **Stalin** logró eliminar toda oposición a través de **purgas** en el **partido** (**Procesos de Moscú**), la administración y el ejército.

Sexto Plan quinquenal (U.R.S.S., 1956-

1960): El SPQ se corresponde con el **gobier-no** de Nikita **Khruschov** que asume en 1956 como Secretario General del **PCUS**. Objetivos: priorizar la **agricultura** aumentando la **producción** y el **ingreso** de los **campesinos**, aumentar la **inversión** en las **granjas** colectivas y estatales, mejorar las condiciones de vida de los **trabajadores** aumentando la cantidad y calidad de los **bienes de consumo** y alentar el **desarrollo** tecnológico. Sin embargo, en términos generales, el plan no se llevó a cabo: si bien mejoró el nivel de vida en la salud, la **educación** y la vivienda, hubo **inflación** y escasez de bienes de consumo masivo.

Sindicalismo: El término tiene dos acepciones: 1- El S como corriente histórica del **movimiento obrero** y, 2- el **significado** actual, que es el que aquí desarrollaremos (para el primero ver **S revolucionario**). El S es el agrupamiento de los **trabajadores** en organizaciones que defienden los intereses de **clase** de los **obreros** bajo el **capitalismo**. Los primeros S surgieron a comienzos del siglo XVIII en **Inglaterra**; los *trade unions* (asociación de oficios) iniciales no tenían una connotación **clasista**, surgiendo como una organización colaboradora de la **patronal**. Sin embargo, pronto los S lucharán por sus derechos y se ligarán al **marxismo** y al **anarquismo**. La **Primera Internacional** influyó decisivamente en la formación de S, cuyas actividades fueron proscriptas, en el contexto de la **Segunda Revolución Industrial**. Hacia fines del siglo XIX varios factores acercarán a los S a posiciones más moderadas o **reformistas:** a) La derrota de la **Comuna de París** (ver), b) La obtención de mejoras materiales inmediatas, c) La legalización del movimiento obrero (con **Francia** en 1884 como primer antecedente) y d) La formación de

S **católicos** que propiciaron la colaboración de clases impulsados por la **encíclica** *Rerum Novarum*. Así, en el S del siglo XX encontramos cuatro grandes tendencias ideológicas: 1- El marxismo impulsaba un S revolucionario que se organizara políticamente (es decir, que construyera un **partido obrero**) y que luchara por tomar el **poder** derrocando al capitalismo e instaurando la **dictadura del proletariado**, 2- El S revolucionario **anarco-sindicalista** que bregaba por la **huelga general** y una **confederación de sindicatos** en reemplazo del **Estado**, 3- el S reformista **socialdemócrata** que reconocía la **lucha de clases** pero aspiraba a llegar al **socialismo** en forma evolutiva y a través de **leyes** parlamentarias y, 4- el S reformista que negaba la lucha de clases o se oponía abiertamente a ella como era el caso de los S católicos o del **peronismo** en la **Argentina**.

Sindicalismo revolucionario (fines del siglo XIX-principios del siglo XX): Corriente del **movimiento obrero** surgida en **Francia** que luchó por la toma del **poder** a través de la **huelga general** revolucionaria por parte de los **sindicatos** (rechazando a los **partidos políticos**) y la administración del poder por parte de éstos, con prescindencia del **Estado**. El SR planteaba que una **confederación** de sindicatos (y no la **dictadura del proletariado** como sostiene el **marxismo**) debe suplantar al Estado y que una representación de delegados sindicales debe reemplazar al **Parlamento liberal**. La huelga general es una herramienta para lograr el control sindical de los **medios de producción**. Aunque surgió con influencias **anarquistas** (George Sorel), el SR adoptó luego una identidad propia. Su postura elitista y voluntarista y su reivindicación del **corporativismo** influyeron en el posterior surgimiento del **fas-**

cismo, aunque cuando éste se consolidó el SR ya estaba en declinación.

Sindicalista (siglo XVIII →): Dirigente de un **sindicato.** Aunque se lo asocia comúnmente con una figura social corrupta y proclive a pactar con el **Estado** y los **empresarios** a cambio de **prebendas,** la historia tiene ejemplos también de S consecuentes. Por ello, es conveniente reservar esta categoría para todo dirigente sindical y utilizar el concepto de **burocracia sindical** para aquella figura descripta.

Sindicato (siglo XVIII →): Organización colectiva que representa los intereses **corporativos** de la **clase trabajadora,** en defensa de sus condiciones de **trabajo** y de vida en la **sociedad capitalista.** Los primeros *trade union* surgieron en **Inglaterra,** impulsados por marineros, mineros, tejedores y calceteros, bajo la forma de **gremios** para **artesanos** especializados. Las protestas obreras ante la miseria sufrida en el marco de la **Revolución Industrial** vieron surgir –hacia 1830- la idea del S general y su arma más importante: la **huelga general.** Entre mediados del siglo XIX y principios del siglo XX se desarrollaron S **anarquistas, comunistas, socialdemócratas y cristianos.** En algunos casos, los S se han vinculado a **partidos políticos** o directamente se han convertido en éstos, como fueron los casos del **laborismo** inglés, Solidaridad en Polonia y el **PT** de **Brasil.**

Situación revolucionaria: Conjunto de elementos que prefiguran la posibilidad de una **revolución social.** La SR se caracteriza por la **crisis** de la **clase dominante** -que ya no puede gobernar como hasta entonces-, el acentuamiento de los enfrentamientos entre ésta y las **clases dominadas** y una creciente politización y movilización de éstas. La confluencia de factores **objetivos** y **subjetivos** –desarrollo de la **conciencia de clase**- hace más probable el pasaje de una SR a la **revolución** propiamente dicha, aunque esto no siempre se produce.

Smith, Adam (1723-1790): Economista y filósofo escocés, padre de la **economía política** y el más importante de la llamada **economía clásica** junto con David **Ricardo.** S fue el gran exponente teórico de la **manufactura capitalista** de la **Primera Revolución Industrial** –con la **industria** algodonera como eje–. En su *Teoría de los sentimientos morales* (1759) partió de la concepción de un hombre egoísta, trabajador y deseoso de libertad, propiedad e intercambio, motivaciones que llevan a constituir una orden social "natural", donde cada individuo se rige por una **"mano invisible"** que permite la armonía y el bienestar generales. Base fundamental del pensamiento **liberal,** algunas de sus ideas principales son: su **teoría del valor,** que planteaba que el **trabajo** es la fuente de la riqueza (rompiendo con el **mercantilismo** y la **fisiocracia**) y lo que otorga **valor** a las cosas (distinción entre **valor de uso** y **valor de cambio**), el concepto de *laissez faire* –ligado al **libre mercado** y su mano invisible– y la importancia otorgada al interés individual, al cual debe subordinarse el **Estado.** Siglo usa la categoría de **precio natural** (en lugar de la categoría valor) de una mercancía, la que se forma con: **salario** (trabajo), **beneficio** (capital) y **renta** (tierra), esto es, los "precios" de cada uno de los factores que intervienen para producir una mercancía. Es aquí donde S se aleja de la idea del trabajo como única fuente de valor, y pasa a considerarlo como una parte entre otras del **"costo de producción".** La crítica **marxista** ha señalado que

el problema es que S confundió el valor de
las mercancías (c+v+p) con el nuevo valor
creado (v+p). De este modo, S no considera
al **capital constante** (c) en la determinación
del valor, debido a que desconocía el doble
carácter del trabajo –concreto y abstracto– (a esto se le llamó desde el marxismo
"**dogma de S**") y el hecho de que el capital contiene determinadas **relaciones de
producción**. S clasifica al capital en **capital
fijo**, esto es, aquel capital que otorga **ganancias** sin necesidad de pasar a manos
de otro propietario, y **capital circulante**,
que sí requiere del pase de manos a otro
propietario para generar ganancias. Esto
muestra que para S el capital puede producir ganancias no sólo en la producción sino
también en la circulación (mientras que
Marx demostró posteriormente que eso es
posible sólo en la producción). S reconoce
la existencia de tres **clases sociales** –traba-
jadores, terratenientes y empresarios– con
sus respectivos **ingresos –salario, renta y
beneficio**– los que, en su conjunto, intervienen en un **mercado** competitivo, donde
oferta y **demanda** coinciden en un **precio
natural** de equilibrio. En su **teoría** es cru-
cial el concepto de **división del trabajo**, es
decir, la parcelación de las tareas para la
producción de un bien, lo que trae una mayor **productividad**, que a su vez es la causa
de la riqueza de las naciones. S analizó
esa división del trabajo en una **fábrica** de
alfileres y mostró que –cuando las tareas
se subdividen correctamente entre numerosos operarios– se produce más en menos
tiempo. A la pregunta de cómo puede me-
jorarse la división del trabajo, S señaló que
la maquinaria es la clave. En la distribución
del **ingreso**, S observó una situación de
armonía social, situación que se vio per-
turbada poco después de que escribiera su
obra más importante -*Investigación sobre
la naturaleza y causas de la riqueza de las
naciones* (1776)-, con la **Revolución Francesa**. Ese contexto conflictivo abrirá paso a
la aparición de su sucesor: David Ricardo.

Sobreproducción: Exceso de oferta en relación con la **demanda efectiva**. Fabricación
excesiva de **productos** para los cuales
no se hallan compradores solventes. La
existencia de S refuta empíricamente a la
llamada **Ley de Say** (ver). **Malthus, Marx** y
Keynes han teorizado acerca del fenómeno
de la S. Ver también **crisis** y **crisis de S**.

Socialdemocracia (1875 →): Hasta las primeras dos décadas del siglo XX, la S era
sinónimo de la organización **política** internacional de **obreros**, agrupados bajo la
bandera del **marxismo** –en contraposición
a las posturas anti-partido de los **anarquistas**–, destacándose en especial la existencia de dos **partidos** socialdemócratas de
masas: el **PSD** alemán y la S rusa. Luego
de la división que se dio durante la **Primera Guerra Mundial** –cuando la mayoría
de los partidos socialdemócratas apoyaron
a sus respectivas **burguesías nacionales**,
desoyendo el **internacionalismo proletario**-, los socialdemócratas pasaron a ser
la **izquierda reformista** –planteando el
objetivo socialista a través de la vía de la
democracia parlamentaria- y los **comunistas** la **izquierda revolucionaria** –defensores
de la vía insurreccional y la destrucción del
Estado burgués-. En 1889, la S se agrupó
en la **Segunda Internacional** (más adelante llamada **Internacional Socialista**) y
fue adoptando posiciones crecientemente
pro-capitalistas, cada vez más alejadas del
socialismo. En Europa, la S estuvo muy ligada –desde mediados del siglo XX- al llamado **Estado de Bienestar Keynesiano** y al
neocorporativismo, modelo de **capitalismo**

social que –aunque procuraba aliviar la posición desfavorable del **trabajo asalariado**- descreía de la **lucha de clases** como vía de transformación social. Sin embargo, con el **auge** del **neoliberalismo** a partir de mediados de la década de 1970, la S acercó posiciones con aquel, limitando sus planteos sociales y estatistas.

Socialismo (siglo XIX →): Según el **marxismo**, el S es una **doctrina** que plantea como fin la **propiedad colectiva de los medios de producción** y como medio la **revolución social** contra el **capitalismo** por parte de los **trabajadores**, a escala mundial. El S marxista –cuyo antecedentes pueden rastrearse en el **jacobinismo** francés y el **S utópico** de **Saint-Simon**- es hostil al **Estado**, aspirando a delegar las funciones de éste en una **sociedad** formada por productores libres, en una sociedad sin **clases**. Para las corrientes **reformistas** –las **socialdemócratas** o las autoproclamadas socialistas-, lejos de oponerse al capitalismo y al Estado, el S es sinónimo de un **capitalismo** social con fuerte intervención estatal en el **mercado**, con el fin de aliviar las desigualdades sociales. Una variante especial de S es el llamado **stalinismo** que -desde la **U.R.S.S.**- planteó el **S en un solo país**, caracterizado por el rechazo de los planteos marxistas y **leninistas** y la concentración de los medios de producción en manos de un Estado controlado por una fuerte **burocracia nacionalista**, modelo adoptado luego por otros países, entre ellos **China.** En otro sentido, **Marx** utiliza el término S para definir a la primera fase en la transición del capitalismo al **comunismo.** En el S, los medios de producción son socializados y desaparece la **explotación del hombre por el hombre** y toda forma de discriminación, pero subsisten aún tendencias provenientes de la vieja sociedad capitalista, por ejemplo, en lo relativo al **consumo** (donde los productos del trabajo se distribuyen –no de acuerdo a la necesidad (criterio que se impone en el comunismo)- sino según el trabajo aportado por cada uno). Continúan en vigencia todavía el **derecho** y el Estado, aunque a través del **gobierno** de los **trabajadores** o **dictadura del proletariado** el cual –con la paulatina desaparición de las **clases sociales**- se irá extinguiendo, para entrar en la fase comunista. De todas formas, estos planteos son muy generales, ya que Marx dijo alguna vez: "No soy el cocinero que provee las recetas del porvenir".

Socialismo científico (Karl Marx y Friedrich Engels): Conjunto de postulados del **marxismo** o **materialismo histórico**, planteado como superación del **socialismo utópico**.

Socialismo con rostro humano (Checoslovaquia, 1968): Planteo con el que se alzaron los sectores **comunistas** disidentes con el **stalinismo** y el llamado **socialismo real**, en el marco de la **Primavera de Praga**.

Socialismo de Estado: Forma de **estatismo** que busca reducir las desigualdades sociales por medio de la **nacionalización** de los **medios de producción**. Se diferencia del **socialismo marxista** en que éste lucha por la desaparición del **Estado**, y de la **socialdemocracia**, en que ésta –si bien es partidaria de un Estado fuerte- sostiene también la necesidad de la existencia del **mercado**.

Socialismo del siglo XXI (Hugo Chávez, 2006 →): Tras su reelección popular, el **Presidente** de **Venezuela** Hugo **Chávez** anunció que su "proyecto bolivariano" se profundizaría y ampliaría hacia lo que denominó S del S XXI. En rigor, no se trataría de implementar un modelo socialista en el sentido **marxista** del término, sino una suerte de **capitalismo nacional**, con fuerte intervención del **Estado** en la **economía**, la **nacionalización** (con indemnizaciones, lo que significa que no se trata de una **confiscación**) de sectores estratégicos como las telecomunicaciones, la electricidad y el gas, y un fuerte control por parte de PDVSA (**empresa** estatal petrolera) sobre las empresas **transnacionales** que explotan las reservas de **petróleo** en la Cuenca del Orinoco. Así, antes que **socialismo**, el modelo chavista es un remedo del viejo **populismo** latinoamericano, con elementos de **keynesianismo** económico, lo que en su conjunto no alcanza para conmover la **estructura** burguesa de las **relaciones de producción** del país, dado que el ataque al "neoliberalismo" no se hace extensivo al **capitalismo** en tanto **modo de producción**. La propuesta de Chávez parece expandirse a países vecinos, tal es el caso de Ecuador y **Bolivia**.

Socialismo en un solo país (Joseph Stalin): Modelo que se llevó adelante en la **U.R.S.S.** a partir de la llegada al **poder** de J. Stalin, consistente en concentrar las fuerzas en organizar el **socialismo** al interior del país, en contraposición al planteo **marxista**, **leninista** y **trotskista** de extender la **revolución socialista** a todas partes del mundo (a riesgo de aislar a la **Revolución Rusa** de no hacerlo). Dado que **Marx** había planteado el carácter internacional de la **lucha de clases** y del enfrentamiento entre el **capitalismo** y el **socialismo**, el SEUSP acabó por trabar el desarrollo de las **fuerzas productivas** y por estrangular la **dictadura del proletariado** en la **U.R.S.S.**, fortaleciendo a una **burocracia** estatal **nacionalista** encargada de repartir recursos escasos y por ende, privilegiada y despótica. Una de las consecuencias de

este planteo fue la disolución del **partido** mundial de los **trabajadores** -la **Internacional Comunista** o **Tercera Internacional**- fundado por **Lenin** en 1919. (Ver también **stalinismo**).

Socialismo libertario: Ver **anarquismo**.

Socialismo nacional: Postura que plantea la posibilidad de construir un modelo de **sociedad socialista** bajo los marcos y características nacionales. Aunque el SN fue impulsado por sectores críticos del **stalinismo**, su hostilidad a la construcción de una organización internacional de **trabajadores** es común. De hecho, en América Latina el acercamiento de este tipo de organizaciones hacia la **burguesía nacional** (en la **Argentina**, hacia el peronismo) ha coincidido con la estrategia de los **partidos comunistas** orientados por el stalinismo.

Socialismo real: Ver **stalinismo**.

Socialismo utópico (Karl Marx, 1848): Término acuñado por Blanqui y adoptado por **Marx** para contraponerlo con su propia **doctrina**, el **socialismo científico**. Para Marx, pertenecían al SU los **socialistas** franceses e ingleses–como el conde Claudio Enrique de **Saint-Simon** o Robert **Owen**- que querían llegar a una **sociedad** socialista sin una **revolución** contra el **capitalismo**, a través de reformas. En el fondo, confiaban en que las banderas de libertad, igualdad y fraternidad eran posibles bajo un capitalismo "limado" de sus peores aspectos, poniendo el énfasis en una **distribución** más equitativa y **ética** de la riqueza y en la búsqueda de atenuantes a los excesos producidos por la **industrialización**. Como más adelante sucedería con la **socialdemocracia** (ver), Marx pro-

curó demostrar la **utopía** de pretender cambiar la sociedad sin impulsar la **lucha de clases** o negando la vía revolucionaria. El SU sentará antecedentes para el posterior desarrollo del **cooperativismo** (ver).

Socialización de los medios de producción: Transformación de los **medios de producción** de una **sociedad** en **propiedad colectiva**. Se distingue de la **nacionalización** o **estatización** en que la SMP tiene como meta el control de la sociedad sobre la **producción** y la progresiva extinción del **Estado**, mientras que aquella fortalece a éste. Además, las nacionalizaciones o estatizaciones no cambian el carácter de **clase** del Estado (así, es posible que los medios de producción sean estatizados en el marco del **capitalismo**, en lo que se conoce como nacionalizaciones **burguesas**).

Sociedad civil: Para el *iusnaturalismo*, la SC se contrapone a la **sociedad** natural (**estado de naturaleza**) y se identifica con la **sociedad política** (el **Estado**). Los hombres firman un **contrato** por el que pasan del estado de naturaleza a la SC (aunque en **Rousseau** SC es sinónimo de sociedad civilizada pero no de sociedad política). En **Hegel**, la SC es la unión de los **individuos** en una universalidad formal, transición entre la forma primitiva (la familia) y la forma última del "espíritu objetivo", que es el Estado. La SC tiene características del Estado pero no es aún el Estado, porque le falta la organicidad. Para **Marx**, SC es sinónimo de la sociedad burguesa y se ubica en la **estructura** material diferenciándose de la **sociedad política** y el Estado, ubicados en la **superestructura** y a las que la SC condiciona. **Bobbio** sostiene que la SC burguesa descripta por Marx equivale al estado de naturaleza hobbesiano (**guerra de todos contra todos**). En Gramsci, la SC es diferente al Estado (igual que en Marx), pero no está en la estructura económica (como para Marx) sino en la superestructura, la que se divide en SC (organismos encargados de la **hegemonía** o **consenso**) y sociedad política o Estado (organismos encargados de la **dominación** o **coerción**). Así, en Gramsci la SC es el conjunto de organismos privados que corresponden a la función hegemónica que ejercen los sectores dominantes en toda sociedad (creación de consenso) y constituye la base ideológica de la dominación del Estado. En la SC están las **instituciones** no estatales ni económicas que generan consenso: la escuela, los **medios de comunicación**, la **Iglesia**, las **ONG´s**, etc, normalmente funcionales a los intereses de la **clase dominante**.

Sociedad política (Antonio Gramsci): En la teoría gramsciana, la SP es el **Estado**, aparato coercitivo destinado a hacer que las **masas** cumplan los dictados del **poder** y que es controlado por personal especializado (la **burocracia**). Corresponde a la esfera de la **dominación** a través de la **coerción**, en oposición a la **sociedad civil**, que se caracteriza especialmente por el **consenso**.

Sociedad primitiva (Karl Marx): Sociedad en la que sólo se producen **valores de uso** destinados al **consumo** por parte de sus mismos productores, y que caracteriza a todas las sociedades anteriores al surgimiento de la **pequeña producción mercantil**. La SP se caracteriza por ser una **economía de subsistencia**, sin la **producción de excedente**.

Sociedad tradicional: Forma de organización social basada en una **economía de subsistencia** –reproduce lo que tiene, pero no genera **excedente**-, con bajo nivel de **productividad** y relaciones sociales, culturales y políticas estables, refractarias a los cambios. Un ejemplo típico es la **sociedad feudal del Medioevo**, pero –en general- se dice que toda **sociedad** previa a la **Revolución Industrial** es una ST. Entre las razones que llevaron al debilitamiento de la ST en la **Edad Media** encontramos: nuevas vías comerciales con fácil acceso, mejoramiento del transporte (sobre todo marítimo), cambios en el **consumo**, crecimiento de la **producción** artesanal hasta su conversión en manufacturera, aumento de la producción **agrícola**, **migraciones** a las ciudades, desarrollo de los **bancos**, **acumulación de capital**, concentración de la **propiedad de la tierra**, aumento de la **población**. Opuesto: **sociedad moderna**.

Sociedad tribal: Ver **comunismo primitivo**.

***Soviets* (Rusia, principios del siglo XX)**: **Asambleas** de delegados **obreros, campesinos** y soldados donde se ejercía la **democracia directa**. Los S –surgidos en 1905 y llamados en otros países **consejos obreros**- se constituyeron en organismos de **doble poder** y fueron claves en la **Revolución Rusa**. Cuando el **stalinismo** se apoderó del control del **Estado obrero**, los disolvió. El término pasó a denominar con posterioridad a las **cámaras** legislativas de la **U.R.S.S.**

Soviético: Relativo o perteneciente al ***soviet***. La **Unión Soviética** o **U.R.S.S.** debe su nombre a los ***soviets***, significando "la unión o el país de los ***soviets***."

Sovjós* (U.R.S.S., 1918-1991)**: **Granja estatal** donde trabajaban **obreros agrícolas** asalariados del **Estado**, dirigidos por personal estatal. Se diferenciaban del ***koljós, que era una **cooperativa de campesinos**. En 1950 había unos cuatro mil S.

***Stajanovismo* (U.R.S.S., década de 1930)**: **Trabajo a destajo** implementado por **Stalin**. Si bien aumentó la **productividad**, esto se hizo a costa de la **explotación** de los **trabajadores**. El S debe su nombre a Alexei Stajanov, minero que con su equipo extrajo 227 toneladas de carbón en 6 horas, cuando la norma era de 6,5 TN.

Stalin, Joseph (1879-1953): Político georgiano, gobernante de la **U.R.S.S.** desde 1924 y hasta su muerte. Joseph Vissarionovich Dzhugashvili fue Secretario General del **PCUS** –anteriormente llamado **Partido Bolchevique**- entre 1922 y su muerte. Luego de enfrentarlo, en 1924 reemplazó a **Lenin** al frente del **Estado** tras la muerte de éste, implementando una feroz **dictadura**, con una **burocracia** estatal que concentró todo el **poder** en sus manos y acabó con la llamada **dictadura del proletariado**, de raíz leninista. Confiscó a los **campesinos** medios y ricos –los ***kulaks***- en lo que se conoce como **colectivización forzada** e impulsó **planes quinquenales** que desarrollaron la **industria pesada**, aunque descuidando el **consumo de la población**. Impuso un régimen de **terror**, persiguiendo a sus opositores, especialmente a aquellos que defendían el mantenimiento de un rumbo **comunista**. Para ello, se unió inicialmente a **Zinoviev** y **Kamenev**, formando la ***Troika***, pero en 1926 éstos apoyaron a **León Trotsky**, siendo los tres expulsados del partido en el XV Congreso. La gran mayoría de los dirigentes de la **Revolución Rusa** de 1917 fueron ejecutados tras los **Procesos de Moscú (1936-1939)** y Trotsky - su principal adversario- fue asesinado en **México** por un agente **stalinista**. Miles de muertos, encarcelados y deportados a los **campos de concentración** de Siberia, signaron su gobierno. En su política exterior, abandonó la **tesis** bolchevique de la **revolución mundial** –disolvió la **Tercera Internacional** en 1943- y concentró sus esfuerzos en el llamado **socialismo en un solo país**. En 1935 impulsó la **política de Frente Popular**. Luego del **pacto de no agresión** con **Hitler**, se vio forzado a enfrentar la invasión alemana en 1941, lo que convirtió a la U.R.S.S. en un factor decisivo para la derrota **nazi** en la **Segunda Guerra Mundial**, luego de la cual apoyó la toma del poder por los **partidos comunistas** en Europa del Este. En el marco de la **Guerra Fría**, formó el **Pacto de Varsovia** para enfrentar a la **OTAN**. Tras su muerte, se inició en la U.R.S.S. la llamada **desestalinización** y sus crímenes fueron denunciados. Sin embargo, la mayoría de las características de su régimen –**totalitarismo**, antimarxismo, burocratismo, etc- continuaron hasta la desaparición de la U.R.S.S., en lo que se dio en llamar **stalinismo** (ver).

Stalinismo (U.R.S.S., 1925-1991): Conjunto de planteos y prácticas políticas de Joseph **Stalin** y sus sucesores. El S surgió como un movimiento anti-comunista dentro de la **revolución comunista** producida en **Rusia** en 1917. Con la muerte de **Lenin**, Stalin –manteniendo un lenguaje y una fraseología propias del **marxismo**, pero renegando en los hechos de él– logró desplazar de la conducción del **partido** y del **Estado** a sus opositores –en particular a León **Trotsky**– e impuso una feroz **dictadura** burocrática que barrió con los *soviets* –la base de la **dictadura del proletariado**– defendiendo la **teoría nacionalista** del **socialismo en un solo país** en oposición a la revolución **socialista** internacional. Precisamente, la

tesis del socialismo en un solo país sirvió como base del enquistamiento en el **Estado obrero** de una **burocracia**. Dado que el marxismo concibe a la revolución socialista como un fenómeno internacional, y que el sostenimiento de un socialismo aislado no permite desarrollar las **fuerzas productivas** para garantizar la abundancia, la **escasez** resultante obliga a repartir recursos exiguos, llevando al grupo distribuidor en el **poder** a ocupar una posición de privilegio y a desinteresarse por la extensión de la revolución social en favor de su interés burocrático. En ese contexto, el igualitarismo fue cediendo terreno cada vez más a la división de la **sociedad** entre una **masa** trabajadora y una burocracia estatal y partidaria parasitaria y despótica. Por otra parte, en lugar de buscar integrar al **campesinado** medio –los *kulaks*– a la construcción del **socialismo**, la burocracia expropió sus **tierras** y los persiguió, implementando luego una **industrialización** forzada. Toda disidencia fue perseguida –los líderes comunistas de la revolución fueron marginados y/o asesinados, unos cinco millones de miembros del PCUS fueron arrestados (de los cuales unos cuatrocientos mil fueron ejecutados), junto con miles de personas enviadas a **campos de concentración**– y poco a poco las conquistas que la **clase obrera** había logrado con la **Revolución de Octubre** fueron desapareciendo. De todas formas, el **desarrollo de la industria pesada** modernizó al país y lo colocó en un nivel de **competencia** mundial (en 1929 la URSS produjo el 5 % de la industria manufacturera mundial, elevándose diez años después al 18 %), aunque limitando seriamente el **consumo de masas**, lo que generó un creciente descontento. Aunque denunció sus crímenes y moderó sus prácticas, la llamada **desestalinización** posterior a la muerte de Stalin no cambió en lo esencial la **estructura** del **régimen**. En el plano internacional, el S renegó de la **Internacional** comunista como agrupamiento político de los **trabajadores** e impulsó el *Comintern*, que agrupaba a los partidos comunistas del mundo bajo el mando autoritario de Stalin, con políticas contradictorias (desde considerar a la **socialdemocracia** como **fascista** hasta unirse a ella en el **Frente Popular**). Tras la muerte de Stalin, el **PCUS** y sus partidos aliados no variaron en lo fundamental sus planteos: impulsaron la llamada **coexistencia pacífica** con EE.UU. y retacearon apoyos a los movimientos revolucionarios del mundo, a los que sólo consideraron como instrumentos de los intereses de la burocracia estatal soviética. En América Latina y otros países del Tercer Mundo, el S se manifestó a través de la estrategia de la **liberación nacional**, consistente en el apoyo a las **burguesías nacionales** y el rechazo a la formación de partidos obreros marxistas independientes. Con la caída de la **U.R.S.S.**, buena parte de los ex dirigentes soviéticos procuró acomodarse a la restauración **capitalista** y la mayoría de los partidos stalinistas del mundo acentuaron sus rasgos reformistas.

Subconsumo: Consumo inferior a la cantidad de **productos** existentes, ocasionado fundamentalmente por un bajo **poder adquisitivo**. El S provoca **crisis** que llevan a fases recesivas o depresivas del **ciclo económico**. La teoría del S de origen **marxista** plantea que la necesidad de acumular **capital** obliga al **capitalista** a aumentar la **plusvalía** y reducir los **salarios**, ahogando la posibilidad de que los **trabajadores** compren más **bienes de C**. Además, la introducción de maquinaria desplaza mano de obra, aumentando el **desempleo** y agravando la situación. En determinado punto, se

dificulta la realización de la plusvalía dado que la **producción** no se vende y, por ende, no se transforma en **dinero**, necesario para relanzar la **acumulación de capital**. Autores marxistas como R. **Luxemburgo** y no marxistas como J. **Hobson**, ligaron al S con el fenómeno del **imperialismo** (ver).

Superestructura (Karl Marx): Conjunto de las **instituciones** e ideas **políticas**, ideológicas, jurídicas, religiosas, estéticas y morales de una **sociedad**, que está determinado materialmente por la **estructura** –sobre la cual, a su vez, reactúa-. Pertenecen a la SE el **Estado**, los **medios de comunicación**, las **teorías** científicas y políticas, los **partidos políticos**, la **Iglesia**, la justicia, etc. Por una parte, tenemos una SE jurídico-política, donde el Estado ejerce el uso de la violencia y la **coerción** en beneficio de la **clase dominante**. Por ejemplo, reprimiendo una manifestación de **trabajadores** –la SE **política** actuando directamente- o cuando las **leyes** hablan de que el contrato de trabajo es equivalente: el capitalista le paga al **obrero** un **salario** por su trabajo y todo parece igualitario (**Marx** expondrá sobre esto su teoría de la plusvalía). Es un ejemplo de cómo opera la SE jurídica. Junto con la SE jurídico-política, aparece una SE ideológica: son **instituciones** y sujetos dedicados especialmente a difundir el pensamiento y la visión del mundo –la **ideología**- que le interesa a la clase dominante, con la finalidad de preservar el orden social dominante. Por ejemplo, el patriotismo –que se basa en sentimientos genuinos de pertenencia a un lugar y a una historia común- puede ser usado para unir bajo la misma bandera a explotadores y explotados: "somos todos argentinos", dirá la ideología dominante. Pero algunos "argentinos" tienen yates de lujo, grandes empresas, **bancos**, canales de televisión, miles de millones de dólares. Y otros "argentinos" no tienen nada o casi nada. Marx sostiene que quienes producen la riqueza de un país son éstos y no aquellos. En la SE, entonces, existen dos modos de **dominación**: a través de la búsqueda de **consenso** y por medio de la coerción (en un lenguaje coloquial podríamos decir: "por las buenas y por las malas"). El objetivo del **marxismo** es destruir la SE y la estructura del **capitalismo** e impulsar transformaciones revolucionarias en todos los terrenos.

T

Tasa de beneficio: Ver **tasa de ganancia.**

Tasa de ganancia (Tg) (Karl Marx): Proporción de la **plusvalía** con respecto el desembolso total de **capital**, esto es, $g = P / CC + CV$, o magnitud relativa: $r = D´- D / D$. Por ejemplo, si la inversión fue de $ 15 y la ganancia de $ 3, tenemos una TG del 20 %. Si dos productores producen el mismo tipo de **bien** al mismo **precio** y con la misma **tasa de plusvalía**, tendrá una mayor TG el productor que trabaje con menor proporción de **capital constante**. La TG varía en sentido inverso a la **composición orgánica del capital.**

Tasa de plusvalía (Karl Marx): Proporción entre la **plusvalía** (trabajo socialmente excedente) y los **salarios** (trabajo socialmente necesario) o cociente entre la primera y el **capital variable**, esto es, P / CV. Determina la **tasa de explotación** que sufre el **trabajador** por parte del **capitalista**, quien pugna incesantemente por incrementar la TP: 1) prolongando la jornada de **trabajo** sin aumentar los salarios (**plusvalía absoluta**), 2) reduciendo los salarios sin disminuir la jornada de trabajo o el rendimiento o, 3) incrementando el rendimiento por hora –aumento de la **productividad**– ya sea obligando al obrero a trabajar más intensamente o mejorando los métodos de **producción** (**plusvalía relativa**).

Tasa media de ganancia (Karl Marx): Cociente entre la **plusvalía** total y el **capital** social total. En el largo plazo, la TMG es decreciente, ya que el **capital constante** aumenta (inversiones tecnológicas que los **capitalistas** deben realizar forzados por la **competencia** con los demás capitalistas) a costa del **capital variable** (trabajo asalariado) –y sólo de este último surge la **plusvalía**–. En esa competencia inter-burguesa sobrevivirán aquellos que tengan una **tasa de ganancia** superior a la TMG.

Taylorismo (Frederick Taylor, 1878-1913): **Sistema** de organización o **gestión científica** del trabajo propuesto por F. Taylor. Originado en el contexto de la **Segunda Revolución Industrial**, el *T* se basó en el estudio –en el **proceso de trabajo**– de los movimientos y los tiempos utilizados para desarrollar una tarea específica. Intentaba profundizar la **división del trabajo** entre el **trabajo manual** y el **trabajo intelectual**, ahorrar los **tiempos muertos** y lograr mayor rapidez y eficiencia en la **producción**. Principios del *T*: aislar a cada trabajador del resto del **grupo**, descomponiendo el trabajo en tareas no especializadas, repetitivas y rutinarias y transferir el control del **proceso** productivo a los representantes de la dirección de la **empresa**. Esto hizo que los trabajadores perdieran el control sobre su trabajo, pasando a ser apéndices de las máquinas o "gorilas amaestrados", según la expresión de Taylor. Como segundo principio, medir el tiempo y el ritmo de trabajo: "Una descomposición sistemática de cada proceso en elementos componentes cronometrados", buscando eliminar los "tiempos muertos" (improductivos), y en tercer lugar pagar salarios por **productividad**: sistemas distintos de pago de **salario** que supusieran para el trabajador un incentivo para producir más (premios y castigos). Con los métodos tayloristas, el trabajo se hizo más intenso y vigilado –lo que puede apreciarse en la brillante película de C. Chaplin *Tiempos modernos*, de 1936-, y la productividad aumentó. El *T* se transformó con el surgimiento de la **línea de montaje**, dando lugar a la aparición del **fordismo**.

Tendencia a la caída de la tasa de ganancia (Karl Marx): Decrecimiento progresivo de la **ganancia** obtenida en relación con el **capital** total invertido. Esto ocurre porque -a medida que el capital se acumula y crece- la ganancia es menor en proporción a todo el capital, lo que desalienta al **capitalista** para seguir invirtiendo. Sin embargo, por la presión de la **competencia**, el capitalista se ve obligado a invertir en **tecnología**, aumentando la **productividad** (y generando más **desempleo**) y haciendo que la **tasa de ganancia** baje cada vez más, por la mayor proporción de **capital constante** en relación con el **capital variable** (único que genera **plusvalía**), es decir, por el aumento decreciente de la **tasa de explotación** y el aumento creciente de la **composición orgánica del capital**. La TCTG es la **ley** económica más importante de la **Economía política** y es uno de los fundamentos de las **crisis** recurrentes del **capitalismo**. Frente a ella, existen las que **Marx** denominó **tendencias contrarrestantes** (aumento de la tasa de **explotación**, abaratamiento de **materias**

primas o del capital constante, reducción del **trabajo improductivo**, baja salarial, etc) que frenan temporariamente la tendencia aunque en determinado momento no logran evitarla.

Tendencia decreciente de la tasa de ganancia: Ver **tendencia a la caída de la tasa de ganancia**.

Tendencias contrarrestantes (Karl Marx): Contratendencias que detienen momentáneamente la **tendencia a la caída de la tasa de ganancia**. Entre las más importantes podemos mencionar al aumento de la **tasa de explotación**, el abaratamiento de **materias primas** o del **capital constante** y la reducción del **trabajo improductivo**, que frenan temporariamente la tendencia aunque en determinado momento no logran evitarla.

Teoría del valor-trabajo (fines del siglo XVIII **):** **Teoría** planteada por Adam **Smith**, David **Ricardo** y Karl **Marx**. En Smith, el **valor** surge en la esfera del **mercado** sobre la base de la cantidad de **dinero** existente. En Marx –quien distingue un **valor de uso** y un **valor de cambio**- la TVT determina que el valor de los **bienes** está determinado por la cantidad de **trabajo** incorporado en los mismos en el **proceso de producción**. Es decir que se mide por el **tiempo de trabajo socialmente necesario** para producirlo, que es lo que determina su valor de cambio objetivo. Ricardo oscila entre ambas posturas. Se dice que es una **teoría objetiva del valor** pues se basa en la cuantificación del trabajo, midiendo el tiempo de **trabajo productivo** que los hombres le dedican a la actividad económica. La TVT parte de la idea de que la producción es colectiva y que el valor de las **mercancías** se deriva de la **división social del trabajo**. En este sentido, se contrapone a la **teoría subjetiva del valor**.

Teoría marxista del Estado: Si bien el **marxismo** en su conjunto plantea la relación existente entre el **Estado** (ver) y la **clase dominante**, Gold, Lo y Wright encuentran distintos matices. Así, la **teoría** instrumentalista (R. Miliband) centraliza el análisis en las relaciones o lazos personales entre la clase dominante y el Estado: éste es un instrumento que la **burguesía** administra directamente. La teoría **estructuralista** (L. **Althusser** y N. **Poulantzas**), por su parte, se concentra en la forma en que las contradicciones estructurales del **capitalismo** determinan la **política** del Estado: éste garantiza las condiciones generales de la **acumulación de capital**. Y la teoría hegeliano-marxista privilegia el papel de la **conciencia** y la **ideología** de las **clases sociales**. Allí el Estado es visto como la **institución** especializada en difundir las ideas de la clase dominante.

Teoría objetiva del valor: Ver **Teoría del valor-trabajo**.

Tercera Internacional (4-3-1919/ 31-5-1943): También conocida como *Komintern*, fue creada por **Lenin**, quien planteó la necesidad de crear un **partido obrero** mundial para que la **revolución socialista** triunfase en otros países –además de **Rusia**- en especial los más desarrollados. Para Lenin, la **Revolución Rusa** de 1917, producida en un país poco industrializado, era sólo el paso inicial hacia la revolución mundial. Para ello era necesario organizar un partido revolucionario mundial, siguiendo las enseñanzas de la **Primera Internacional** de **Marx** y de la **Segunda Internacional** de **Engels**, antes de lo que los **comunistas** consideraron una traición de la **socialdemocracia** tras la muerte de éste. En sus diez primeros años, la TI incorporó a numerosos partidos comunistas del mundo sobre la base de las "veintiún condiciones" básicas (etapa del **frente único** con los **socialistas**). A partir del VI Congreso en el período 1929-35 –ya en pleno auge del **stalinismo**- se produjo el viraje hacia un enfrentamiento con la socialdemocracia, acusada de "**socialfascista**" (período denominado "**clase contra clase**"). Entre 1935 y 1943 se aplicó la **política** del VII Congreso: el **frente popular**. El desinterés de **Stalin** por una política internacionalista –defendía la tesis del "**socialismo en un solo país**"- lo llevó a disolver la TI en 1943.

Tesis de Abril (V. I. Lenin, 16-4-1917): **Tesis** revolucionarias escritas por **Lenin**, que constituyeron la base del **programa bolchevique** durante la **Revolución Rusa**, desatada seis meses después. Entre los puntos principales de las TA están: la necesidad de retirar a **Rusia** de la **Primera Guerra Mundial**, el rápido pasaje de la **revolución burguesa** –ocurrida en febrero de 1917- a la toma del **poder** por el **proletariado** y los **campesinos** pobres por medio de los *soviets*, supresión de la policía, el **ejército** y la burocracia y su reemplazo por los **obreros** armados, **reforma agraria** que implique la **confiscación de las tierras** a los **terratenientes**, **nacionalización de los bancos**, denominación del **Partido Bolchevique** como **Partido Comunista**, creación de una Internacional revolucionaria (que será creada en 1919: la **Tercera Internacional**).

Testamento político (V. I. Lenin, 24-12-1922): Documento escrito por **Lenin** en sus últimos años de vida, ya muy enfermo. Allí, el dirigente revolucionario alertaba a los **comunistas** sobre la necesidad de desplazar a **Stalin** de la dirección del **Partido Bolchevique**, para evitar consecuencias nefastas para la **revolución socialista** mundial. También denunciaba los peligros de la posible **burocratización** de la **Revolución Rusa**. Ocultado durante mucho tiempo, el TP se transformó en profético.

Tiempo de trabajo socialmente necesario (Karl Marx): Cantidad de **trabajo** necesario para producir una **mercancía** en una **sociedad** dada y según determinadas condiciones **técnicas** medias de **producción** (**Ricardo**, que también utilizaba la categoría, sostenía que el TTSN debía determinarse no por las condiciones sociales medias sino de acuerdo con las peores condiciones de trabajo existentes), con una intensidad media social dada y con una destreza media. El TTSN varía constantemente de acuerdo con los cambios en las **fuerzas productivas**. En el caso de la mercancía **fuerza de trabajo**, el TTSN es el que cubre el **trabajo necesario** (ver).

Tiempos muertos (*taylorismo*-fordismo): Momentos en los cuales el **trabajador** no está produciendo y que por lo tanto no otorgan ningún tipo de **plusvalía** al **capitalista**. Por ejemplo, momentos de fatiga, reparaciones de máquinas, descansos, etc. También se les llama "tiempos ociosos".

Todo el poder a los *soviets* (V. I. Lenin, 16-4-1917): Consigna central lanzada por los **bolcheviques** en la **Revolución Rusa**, con la que los ***soviets*** impulsaron la **insurrección** en Petrogrado. El 25 de octubre de 1917 se reunió el II Congreso de ***Soviets*** de toda **Rusia** y se creó un nuevo **gobierno**: el Consejo de Comisarios del **Pueblo**, con **Lenin** como jefe del **gobierno** revolucionario.

Todo lo sólido se desvanece en el aire (Karl Marx): Frase con la que **Marx** describe la precariedad de la **Modernidad**, donde todo en apariencia está controlado pero que –en realidad– oculta una gran inestabilidad.

Toyotismo* (fines de la década de 1950 →):** Proceso de **producción** que reemplazó paulatinamente al **fordismo** (trabajo en cadena semi-automática), especialmente desde la **Crisis del Petróleo**. Conocido también como **posfordismo**, el **sistema** Toyota –iniciado en la **industria** automotriz japonesa– se basa en tres aspectos principales: a) trabajo en equipos reducidos con mano de obra polivalente (*tanoko*), b) entrega de las piezas y los **productos** finales en el momento justo (just in time***) y, c) mejora continua del **proceso** de producción (*kaizen*) en base al control de calidad. También se habla de los "cinco ceros": cero defectos en las partes, cero daños en las máquinas, cero inventario o ***stock***, cero papeleo, cero retraso. Finalmente, son también características del T producción de pequeños volúmenes y la diferenciación de los productos –tendencia opuesta a la estandarización–. La guía rectora del T es "no producir para vender, sino vender y luego producir." Se ha denunciado que el T se implantó tomando como base las derrotas sindicales de la década de 1950, lo que le permitió a las empresas crear los **sindicatos** por **empresa**, debilitando la organización centralizada de los **trabajadores**. Valiéndose de la **represión** y de diversas vías de **cooptación** (mecanismos formales de participación, una aparente estabilidad laboral, préstamos para la vivienda, etc) se crearon sindicatos subordinados a las empresas. Así, la **flexibilización laboral de Estados Unidos, Gran Bretaña** o **Francia** -basada en la restricción salarial, el recorte de las prestaciones sociales, el abaratamiento del despido y la creación de empleos precarios- ha sido fundamental para la implementación del T. Por el contrario, otros países, como **Japón, Alemania** o Suecia han aplicado el nuevo proceso manteniendo algunos elementos del **Estado de Bienestar keynesiano**, y atenuando los efectos negativos sobre el **empleo**.

Trabajo: Actividad racional humana orientada a modificar los **objetos** de la naturaleza con el fin de adaptarlos a la satisfacción de diferentes necesidades. Mientras que la **teoría** económica clásica afirma que el T es un **factor productivo** (remunerado con el **salario**) que comparte con el **capital** la creación del **valor**, para **Marx** sólo el T es fuente de valor, siendo el capital T acumulado. **Engels**, por su parte, planteó que el T distingue al hombre del animal porque sólo aquel produce los elementos que hacen a su vida. Es más, el T creó al hombre, lo "humanizó" y separó del resto del reino animal. El T comienza cuando el hombre modifica a la naturaleza de un modo consciente; ello distingue al peor de los arquitectos de la mejor de las abejas: el pensamiento humano anticipa en la mente lo que luego transformará en la realidad. En *El papel del trabajo en la transición del mono al hombre*, Engels describió el paso clave de la posición erecta (luego de que los monos descendieran de los árboles) y la consiguiente liberación de las manos de la locomoción como factores de desarrollo del cerebro, lo que en definitiva derivó en la actividad del T como algo excluyentemente humano. En definitiva, la postura erecta liberó a las manos para fabricar herramientas y ello fue un poderoso acicate para el desarrollo del cerebro y del lenguaje. A pesar de la interpretación opuesta –de tinte idealista– de muchos antropólogos y paleontólogos, que colocaron al desarrollo cerebral como punto de partida de la evolución humana, descubrimientos científicos y hallazgos de **fósiles** recientes han confirmado la postura de Engels, como lo sostuvo el biólogo Stephen Jay Gould.

Trabajo a destajo: Trabajo que se paga por **producción** o por unidad producida. Como el pago depende del trabajo terminado y no del tiempo, el **destajo** fuerza al productor a apurarse, lo que va en desmedro de la calidad del **producto**. Ejemplos de TAD: suele aplicarse en la construcción y en actividades estacionales **agrícolas** como la vendimia. En la **industria** no es habitual, salvo cuando se pretende forzar el ritmo de la producción, como sucedió en la **U.R.S.S.** con el *stajanovismo*.

Trabajo abstracto (Karl Marx): Trabajo igual, homogéneo, gasto de **energía** humana en general, destinado a producir mercancías. Precisamente, lo que permite intercambiar a todas las mercancías –su **valor de cambio**– es el hecho de ser productos del TA humano (mientras que desde el punto de vista del **valor de uso** todas las mercancías son diferentes entre sí). Opuesto: **trabajo concreto**.

Trabajo abstracto socialmente necesario: Ver **trabajo abstracto**.

Trabajo adicional: Ver **trabajo excedente**.

Trabajo alienado (Karl Marx): Trabajo que el **asalariado** realiza para otro (el burgués que le compra su **fuerza de trabajo**), para satisfacer el interés de éste y no para realizarse el **trabajador** como ser humano. Así, el **obrero** produce para un extraño, no para sí. El **producto** de su trabajo es extrañado (alienado) por el **capitalista**. Pero ese producto es encarnación de su actividad, de su inversión física y mental; los nervios y los músculos del trabajador corren la suerte del producto: el trabajo se convierte en TA. **Marx** sostiene que el TA nació en el momento histórico en el que se separó al productor de los **medios de producción** (máquinas, **tecnología**, herramientas), lo que trajo aparejado otras novedades vinculadas: la **explotación del hombre por el hombre**, la separación entre **trabajo manual** y **trabajo intelectual**, la aparición de las **clases sociales** y sus luchas, el **Estado** como forma de **dominación política** concentrada y las **religiones** como institucionalización de la dominación ideológica.

Trabajo asalariado: Trabajo realizado bajo el **capitalismo** por un **trabajador**, a partir de la venta de su **fuerza de trabajo** a un **capitalista** que lo contrata con el fin de que produzca **plusvalía**, a cambio de un **salario**.

Trabajo concreto (Karl Marx): Trabajo específico, materializado en un **valor de uso** (un pan, un zapato, una camiseta), que distingue a cada **mercancía** de las demás. Opuesto: **trabajo abstracto**.

Trabajo excedente (Karl Marx): Período del tiempo de **trabajo** en que el **obrero** no trabaja para sí, creando un **valor** que supera aquel necesario para reproducirse a sí mismo como **fuerza de trabajo**, y por el cual no percibe paga alguna. Se opone, en este sentido, al **trabajo necesario**. Según Marx, las **mercancías** producidas por este TE constituyen la **plusvalía** y configuran la **explotación del hombre por el hombre** específica de la **sociedad capitalista**.

Trabajo formalmente libre: Característica fundamental del **trabajo** bajo el **capitalismo**, el TFL se identifica con el **trabajo asalariado**: es libre en el sentido de que el **trabajador** dispone de la facultad de vender o no su **fuerza de trabajo** a un **capitalista** a cambio de un **salario** –cosa que no podía hacer un **esclavo** o un **siervo**-, pero esa libertad es formal, porque en realidad si el trabajador no vende su fuerza de trabajo muere de hambre, dado que es lo único que posee, desde el momento histórico en que el **proletariado** se formó al ser despojado de los **medios de producción**.

Trabajo forzado: Trabajo obligado que una persona debe realizar para otra en razón de que así lo indica la **ley** o la **costumbre**. Por ejemplo, el **esclavo**, el **siervo**, el **mitayo** y el **yanacona** realizaban diferentes formas de TF. El surgimiento del **capitalismo** implicó el pasaje del TF al **trabajo formalmente libre**.

Trabajo improductivo: Trabajo que no genera **plusvalía**, limitándose a transferir y repartir entre las distintas fracciones del **capital** el **valor** creado por el **trabajo productivo**. Ejemplos de TI: la cajera de un supermercado o un vendedor.

Trabajo intelectual: Trabajo donde el inte-

lecto humano se convierte en una **fuerza productiva**. **Marx** explicó cómo la verdadera **división del trabajo** se dio cuando se separaron el TI y el **trabajo manual**, lo que derivó en el embrutecimiento del operario no calificado. Por ejemplo, a principios del siglo XX F. **Taylor**, con su **organización científica del trabajo**, planteó que era necesaria una división de las funciones al interior de las **empresas**: una separación entre los operarios y los que se dedicaban a los **productos** finales, lo que condujo a una división entre el TI y el **trabajo físico**. De este modo, el trabajo dividido beneficiaba económicamente a la **empresa** y anulaba la resistencia sindical del **obrero**. La ya clásica partición del trabajo entre la oficina y la **fábrica** expresa también esa división, donde el TI está expresado por la primera.

Trabajo libre: **Trabajo** que se realiza sin que el productor esté obligado por ninguna **ley**, **costumbre** o precepto a trabajar para otro. Si bien en los **modos de producción** precedentes existieron formas de TL –por cuenta propia o bajo relación de dependencia-, es con el **capitalismo** que éste se desarrolla plenamente, por medio del **trabajo asalariado** o **trabajo formalmente libre**.

Trabajo manual: Trabajo físico, el que no requiere más que una serie de movimientos mecánicos, sin que el intelecto deba intervenir más allá de un mínimo indispensable. **Marx** sostuvo que la **división del trabajo** entre el **trabajo intelectual** y el TM perjudicó fuertemente al segundo, al embrutecer al **obrero**, reducido a fuerza bruta por la **producción capitalista**.

Trabajo necesario (Karl Marx): Período del tiempo de **trabajo** en que el obrero trabaja para sí, produciendo lo necesario para reproducirse a sí mismo como **fuerza de trabajo (producto necesario)** y cobrando a cambio un **salario**. Todo lo que supera el TN es **trabajo excedente** (no remunerado).

Trabajo productivo: **Trabajo** que genera **plusvalía** dando lugar a la relación de **explotación** dominante (**capitalista** u otra). El TP es el creado, por ejemplo, por el **proletariado industrial** y por el **proletariado rural**. Un médico que atiende su propio consultorio realiza un trabajo no productivo; otro que es empleado en un sanatorio realiza un TP. Todo trabajo que produzca **bienes** y **servicios** (desde la fabricación de tortas a la "**producción**" de las emociones que genera un recital de música en vivo) es TP; todo trabajo que se limita a comercializar bienes y servicios previamente producidos (como un empleado bancario o un vendedor) no lo es, ya que sólo implica un traspaso de **valor** (un cambio de dueño) y no una creación de valor. Opuesto: **trabajo improductivo**.

Trabajo socialmente excedente: Ver **trabajo excedente**.

Trabajo socialmente necesario: Ver **trabajo necesario**.

Trade union: Voz inglesa que refiere a los **sindicatos**. Los primeros *T-U* surgieron en las actividades claves de la **Revolución Industrial**: textil, ferrocarril y minería.

Tradeunionismo: Postura que sostiene que el **movimiento obrero** debe luchar por reivindicaciones económicas inmediatas (**salarios** y condiciones de **trabajo**) sin considerar su organización **política** como clase. El término refiere a las *trade union*, es decir, a centralizar la lucha obrera a través de los **sindicatos**. El *T*, **sindicalismo** o **economicismo** es combatido por el **marxismo** –en especial por **Lenin**- como un mecanismo de **dominación burguesa** sobre la **clase obrera**.

Transición del feudalismo al capitalismo (siglos XVI a XVIII): Según **Marx**, la TFAC es la conjunción de tres hechos: la puesta en libertad del **campesino**, el desarrollo artesanal **urbano** -que genera la **producción de mercancías**, bajo la forma artesanal- y la acumulación de **moneda** derivada del **comercio** y la **usura**. La expansión del **capitalismo** destruyó los vínculos **feudales** y el carácter cerrado de la **comunidad** local, estimulando el crecimiento de los **mercados** nacionales e internacionales y la **división del trabajo**. Así, se separó a lo "económico" de lo "político" y las relaciones de **clases** pasaron a estar regidas por **contratos** que firmaron "libremente" el **capital** y el **trabajo asalariado**, en una relación puramente económica, pero que creó -a su vez- al **Estado** burgués, como forma política del capitalismo. En un conocido debate, P. Sweezy afirmó que el comercio fue el factor diluyente del **feudalismo** ("producción para el uso"), abriendo paso a la primera etapa del capitalismo, el **capitalismo mercantil** ("producción para el mercado"). M. Dobb objetó a esta visión el hecho de que tiende a concebir al feudalismo como un sistema sin grandes contradicciones internas, que cambia por la sola influencia de factores externos. En este sentido, Dobb afirmó que las luchas de la **servidumbre** por liberarse fueron un factor mucho más importante que el comercio en la transformación del régimen feudal. En este sentido, el pasaje de la **renta** en **trabajo** a la renta en **dinero** enriqueció a algunos campesinos y despojó a la mayoría de ellos de sus **tierras**, dejándolos disponibles como mano de obra en las ciudades. El comercio no conduce necesariamente al capitalismo; es más, muchos **mercaderes** establecían alianzas con la **nobleza**. El factor decisivo, plantea Dobb, no se encuentra en las relaciones de intercambio sino en las **relaciones de producción**. En todo caso, el comercio acentuó los problemas internos del feudalismo, acelerando la diferenciación social en el interior del régimen de pequeña producción, de modo que en el surgimiento del capitalismo jugaron un importante papel los pequeños productores que se transformaron en capitalistas (como fue el caso de los *yeomen*, agricultores libres ingleses).

Trotsky, León (1879-1940): Político **marxista** ruso, líder de la **Revolución Rusa** junto a **Lenin**. Liev Davidovich Bronstein se inició políticamente como **menchevique** y participó en la **Revolución de 1905** dirigiendo el *Soviet* de Petrogrado. Se sumó al **Partido Bolchevique** en 1917, siendo luego designado jefe del **Ejército Rojo**, entre otros cargos. Tras la muerte de Lenin enfrentó las políticas de **Stalin**, al que denunció como traidor a la **revolución**. T fundó con otros dirigentes **comunistas** la **Oposición de Izquierda**, planteando el retorno de la **U.R.S.S.** al rumbo leninista de los primeros años y la denuncia de la **burocratización** que estaba sufriendo el **Estado obrero**. Sin embargo, fue excluido del partido en 1927, deportado a Siberia, luego desterrado a Turquía pasando finalmente a **México**, donde murió asesinado por el agente **stalinista** Ramón Mercader. En 1938 fundó la **Cuarta Internacional**, con la aspiración de convertir a esa organización en el partido internacional de la **clase obrera**. En el plano teórico expuso entre otros los conceptos de "**desarrollo desigual y combinado**" y "**revolución permanente**". Entre sus obras principales encontramos a: *Historia de la Revolución Rusa* (1932) y *La revolución traicionada* (1936).

Trotskismo (U.R.S.S., 1922 →): Corriente política **marxista** fundado por León **Trotsky**, líder –junto con **Lenin**- de la **Revolución Rusa** de 1917. Su **tesis** fundamental es que la **revolución socialista** tiene un carácter permanente e internacional (de allí surge el concepto de "**revolución permanente**" y la necesidad de constituir un **partido obrero** internacional). El T apareció como la oposición más importante contra el **stalinismo**, siendo ferozmente perseguido por éste. El T defendió la continuación del rumbo **comunista** de la **Revolución de Octubre** y denunció los desvíos de **Stalin**. Así, desde la **Oposición de Izquierda**, el T enfrentó la burocratización del **Estado obrero** (formación de una **burocracia** parasitaria y **conservadora**), la destrucción de los *soviets*, el abandono del objetivo de la revolución **socialista** a nivel internacional (**socialismo en un solo país**) y la **colectivización forzada** del campo. Convertido en el enemigo a vencer, Trotsky fue expulsado del **PCUS** primero y de la **U.R.S.S.** después, para terminar siendo asesinado por un agente de Stalin en 1940 en **México**. En relación con los países coloniales y semicoloniales, el T afirma que la llamada **burguesía nacional** es incapaz de luchar en forma consecuente por la independencia nacional prefiriendo pactar con los **latifundistas** y el **imperialismo** y someterse a

ellos antes que impulsar un **proceso de liberación nacional** que pudiera ser aprovechado por la **clase obrera** para desatar una revolución contra el **capitalismo**. Según el T, sólo el **proletariado** y su partido pueden llevar a cabo las tareas nacionales (independencia del país) y democráticas en un proceso que debe derivar en la **dictadura del proletariado** y la revolución socialista. En 1938 Trotsky creó la **Cuarta Internacional**. El movimiento trotskista ha tenido –desde la muerte de su líder- diversas tendencias, por lo general enfrentadas entre sí, pero no ha logrado transformarse en una organización de **masas** salvo en algunos casos –en particular, en Sri Lanka y **Bolivia** en la década de 1950 y parcialmente en **Francia** y **Bolivia**-. Entre los dirigentes más destacados que se han reivindicado del T podemos mencionar al belga Ernest Mandel, al peruano Hugo Blanco y a los argentinos Nahuel **Moreno** y Jorge **Altamira**.

Tsé Tung, Mao: Ver Mao Tsé Tung.

U

Última instancia: Ver en última instancia.

Ultraizquierda: La U o **extrema izquierda** es aquella parte de la **izquierda** que rechaza tanto las posiciones de la **izquierda reformista** –parlamentarismo, cambios graduales- como las de la **izquierda revolucionaria** clásica vinculada al **marxismo**, al **leninismo** y/o al **trotskismo** -en particular, la necesidad de construir un **partido obrero de masas** con un paciente trabajo de persuasión-. La U puede reivindicarse marxista, pero apela a métodos petardistas, **foquistas** o de **terrorismo** individual, alejados de un vínculo cotidiano con las masas a las que dice o pretende representar. Así, algunos grupos que se reivindican **maoístas** –como el peruano **Sendero Luminoso**-, determinados sectores que manifiestan ser trotskistas pero impulsan una política sectaria hacia el **movimiento obrero** real, o buena parte de los grupos **anarquistas**, pueden ser ubicados en la U. **Lenin** escribió *El izquierdismo, enfermedad infantil del* **comunismo** (1920) para referirse a aquellos grupos que pretenden hacer la **revolución**, no con las masas, sino en reemplazo de ellas.

Un fantasma recorre el mundo: el comunismo (Karl Marx y Friedrich Engels, 1848): Se trata de la frase inicial del *Manifiesto Comunista*. La misma, refleja el contexto en el que la obra fue escrita: la creciente organización en las **fábricas** y en los **sindicatos** de la incipiente **clase obrera de la Segunda Revolución Industrial**, que ese mismo año participaría de las **revoluciones de 1848**. El fantasma del **comunismo** era la amenaza de la organización **política** de la clase obrera, que ya se insinuaba, con el fin de derrocar a la **burguesía** y al **capitalismo**.

Unidad Popular (Chile, 1968-1973): Alianza de **partidos** de **izquierda** y **centroizquierda** –Partido **Socialista**, Partido Comunista, MAPU, API, Partido Radical, Partido **Social**-demócrata, **Izquierda Cristiana** y otros- que triunfó en las **elecciones** de 1970, consagrando a Salvador **Allende** como **Presidente**. La UP inició una serie de medidas que afectaron a sectores de la **oligarquía** chilena y al **capital** norteamericano (**nacionalización de la banca**, el **comercio exterior** y el cobre, **reforma agraria**, etc). Sin embargo, mantuvo la **estructura capitalista de la economía** y la base fundamental del **Estado** –en particular el **Ejército**- lo que permitió a los sectores **conservadores** reorganizarse, aprovechando la baja en el **precio** internacional del cobre, lo que provocó desabastecimiento y problemas **financieros**. En 1973, un **golpe de Estado** organizado por **EE.UU.** acabó con la vida de Allende y colocó en el **poder** al General **Augusto Pinochet**. Fue el fracaso de la llamada **vía chilena al socialismo**.

Unión de Repúblicas Socialistas Soviéticas: Ver **U.R.S.S.**

Unión Soviética: Ver **U.R.S.S.**

U.R.S.S. (30-12-1922 / 21-12-1991): Sigla de la Unión de las **Repúblicas Socialistas Soviéticas**, el primer **Estado** formado a partir de una **revolución obrera** triunfante, bajo los planteos del **marxismo**. Las transformaciones sociales impulsadas por la **Revolución Rusa** de 1917 (ver) permitieron a la **Unión Soviética** convertirse en la potencia no **capitalista** más poderosa del siglo XX, con notables avances en **seguridad social, educación y empleo**, a pesar del **proceso** de degeneración **política** que significó la aparición del **stalinismo** (ver), con la **colectivización forzosa** del campo (formación de *koljoses* y *sovjoses*) y la eliminación de los *kulaks*, las **purgas** de opositores (**Procesos de Moscú**), el avance de la **industria pesada** a costa de la **agricultura** y el consumo, el *stajanovismo*, etc. Cuando **Hitler** rompió el pacto de no agresión y los **nazis** invadieron el país en 1941, la U entró en la **Segunda Guerra Mundial** del lado de los **Aliados** lo que significó un vuelco decisivo de la contienda en favor de éstos.

Con diecisiete millones de muertos, la U triunfó pero el país quedó devastado. Con el inicio de la **Guerra Fría**, la U ocupó militarmente Polonia, **Alemania** Oriental, los Balcanes (excepto Grecia) y Checoslovaquia, organizando "**democracias populares**". En 1953 murió **Stalin** y se inició la **desestalinización** con las denuncias de Jruschov en 1956. Éste lanzó la "**coexistencia pacífica**" con el **capitalismo**, aplastando la **rebelión** obrera de Alemania Oriental (1953) y el alzamiento húngaro (1956), este último con los **ejércitos del Pacto de Varsovia**, creado un año antes. En 1961 Jruschov impulsó la edificación del **Muro de Berlín** y un año después retiró los misiles rusos de **Cuba** (**Crisis de los misiles**). En 1964, Jruschov fue destituido por **Brezhnev**, quien en 1968 reprimió con dureza la "**Primavera de Praga**" en Checoslovaquia. A su muerte le sucedió Andropov (1982), mientras que la llegada de **Gorbachov** en 1984 inició la transición del país al **capitalismo** (con la *perestroika* y la *glasnost*), que Boris Yeltsin completó. Alejada por completo del **leninismo** de los primeros años, la U se transformó en la **Comunidad de Estados Independientes** en 1991 y se desmembró a poco de andar.

V

Valor: Magnitud que dice que la valuación de los **bienes** está determinada por la cantidad de **trabajo** incorporado en los mismos en el proceso de **producción**. En A. **Smith** y en D. **Ricardo**, el V termina siendo igual al **precio**, ya que éste expresa directamente al primero. Para **Marx**, en cambio, el **precio de mercado** no tiene una relación directa con el V originado en el **proceso de producción**. En Marx, el V está formado por tres componentes: **capital constante, capital variable** y **plusvalía** (su fórmula es $V = c + v + p$). Otra distinción esencial es la que existe entre el **V de uso** y el **V de cambio** (ver **teoría del valor-trabajo**).

Valor de cambio: Capacidad de una **mercancía** de ser intercambiada por otras debido a que: a) tiene un **valor de uso**, b) es producto del **trabajo** humano socialmente necesario para producirla (el que puede medirse en forma **objetiva** por el tiempo que insume) y, c) es producida para el **mercado**. Opuesto: **valor de uso**. Ambas categorías, originadas en **Aristóteles**, son cruciales para la **economía política** (unificando en este punto a A. **Smith**, D. **Ricardo** y K. **Marx**). Éste plantea que el VDC implica un trabajo pretérito encerrado en la mercancía **fuerza de trabajo** (es decir que, el vendedor de la fuerza de trabajo –el **trabajador**- enajena su valor de uso y realiza su VDC).

Valor de uso: **Utilidad** o capacidad que tiene una **mercancía** de satisfacer una necesidad. Ambas categorías, originadas en **Aristóteles**, son cruciales para la **economía política** (unificando en este punto a A. **Smith**, D. **Ricardo** y K. **Marx**). Según este último, en el VDU importan la calidad, naturaleza y contenido del **trabajo**. Se basa en un interés **subjetivo**, por lo que no sirve como parámetro de medida de su **valor de cambio** ya que su valor dependerá de la evaluación que cada **individuo** haga.

Valorización: Ver **proceso de valorización**.

Vía chilena al socialismo: Ver vía pacífica al socialismo.

Vía pacífica al socialismo: Expresión que se popularizó con la experiencia del gobierno de la Unidad Popular en Chile, entre 1970 y 1973. La VPAS propugnaba el tránsito no violento, gradual, del capitalismo al socialismo, por medio de reformas parlamentarias en el marco de la democracia burguesa, afirmando que no se debían desmontar las instituciones fundamentales del Estado burgués –el ejército en primer lugar- ni armar al proletariado para no azuzar a los sectores reaccionarios y evitar un golpe de la ultraderecha. Con esas tesis, el gobierno de S. Allende desarmó a los obreros organizados en los cordones industriales y mantuvo la estructura del ejército, nombrando incluso al General A. Pinochet a su mando. Defendida como una alternativa a la toma del poder por medio de la insurrección violenta –de la clase obrera para el leninismo, de una guerrilla para el foquismo- la VPAS sufrió una dura derrota con el golpe de Estado llevado a cabo por el propio Pinochet, en defensa de los intereses dominantes chilenos y extranjeros afectados por algunas medidas tomadas por Allende (por ejemplo, la nacionalización del cobre).

Vietcong (Vietnam, 20-12-1960 /): Frente de Liberación Nacional de Vietnam del Sur, organización comunista liderada por Ho Chi Minh que digirió la resistencia contra la invasión norteamericana en la Guerra de Vietnam. Su antecedente es el Vietminh, creado en 1941 para enfrentar la ocupación japonesa y para luchar por la independencia del país respecto de Francia.

Vietminh (Vietnam, 8-9-1941 / 21-7-1954): Guerrilla formada por nacionalistas y comunistas, creada por Ho Chi Minh durante la Segunda Guerra Mundial con el fin de luchar por la independencia nacional de Indochina y combatir a la ocupación japonesa. En 1946 enfrentó al dominio colonial francés y en 1951 se integró en el Lien-Viet o Frente de Unidad Nacional. Luego de los Acuerdos de Ginebra de 1954 la organización cesó su actividad y muchos integrantes del V se sumaron posteriormente al Vietcong.

Vietnam: Ver Guerra de Vietnam.

X

XX Congreso: Ver desestalinización.

Y

Yeltsin. Boris Nikolaievich (1931 →): Político ruso. Perteneciente a la vieja burocracia del PCUS, lideró junto con M. Gorbachov el proceso de desintegración de la U.R.S.S. y fue el primer Presidente de la Rusia postsoviética en 1991, siendo reelegido en 1996. Aceleró la renuncia de Gorbachov y la disolución del Estado soviético al formar la Comunidad de Estados Independientes (Rusia, Ucrania y Bielorrusia), de corta vida. Renunció a la presidencia de la Federación Rusa el último día de 1999 y fue reemplazado por Vladimir Putin.

Z

Zedong, Mao Tsé: Ver **Mao Tsé Tung.**

Zinoviev, Grigori (1883-1936): Político ruso, participó de la **Revolución Rusa** -aunque se opuso a la toma del **poder** inmediata planteada por **Lenin**- y fue Secretario General de la **Tercera Internacional.** En 1923, G. E. Apfelbaum se unió a J. **Stalin** y Kamenev para desplazar a L. **Trotsky** en la lucha por el poder en el **Estado** y el **PCUS.** Sin embargo, en 1926 se unió a Trotsky y Kamenev contra Stalin, quien lo destituyó. Pasó a las filas de la **Oposición de Izquierda** y años después -en los llamados **Procesos de Moscú**- Stalin lo condenó a muerte.